# SMALLTALK – VOM ANFÄNGER ZUM PROFI

WIE SIE SPIELEND LEICHT GESPRÄCHE FÜHREN, MENSCHEN KENNENLERNEN UND ECHTE FREUNDE FÜRS LEBEN FINDEN – DAS BUCH FÜR SELBSTBEWUSSTSEIN UND CHARISMA

Damian Preston

1.Auflage 2015

ISBN-13: 978-1522768463
ISBN-10: 1522768467

# HAFTUNGSAUSSCHLUSS

Die Inhalte dieses Buches wurden mit größter Sorgfalt erstellt. Für die Richtigkeit, Vollständigkeit und Aktualität der Inhalte können wir jedoch keine Gewähr übernehmen. Sie spiegeln die persönliche Meinung und Erfahrung des Autors wider. Der Autor übernimmt daher keine juristische Verantwortung oder Haftung für Schäden, die durch eventuelle Fehler oder kontraproduktive Ausübung durch den Leser entstehen. Dieses Buch ist eine Anleitung zu möglichen Erfolgsstrategien und keine Garantie für Erfolge. Der Autor übernimmt daher keine Verantwortung für das Nicht-Erreichen der im Buch beschriebenen Ziele. Dieses Buch enthält Links zu externen Webseiten Dritter, auf deren Inhalte wir keinen Einfluss haben. Deshalb können wir für diese fremden Inhalte auch keine Gewähr übernehmen. Für die Inhalte der verlinkten Seiten ist stets der jeweilige Anbieter oder Betreiber der Seiten verantwortlich. Die verlinkten Seiten wurden zum Zeitpunkt der Verlinkung auf mögliche Rechtsverstöße überprüft. Rechtswidrige Inhalte waren zum Zeitpunkt der Verlinkung nicht erkennbar. Eine permanente inhaltliche Kontrolle der verlinkten Seiten ist jedoch ohne konkrete Anhaltspunkte einer Rechtsverletzung nicht zumutbar. Bei Bekanntwerden von Rechtsverletzungen werden wir derartige Links umgehend entfernen.

# INHALTSVERZEICHNIS

# BONUS

## LADE DIR JETZT DAS BEGLEITBUCH KOSTENLOS HERUNTER!

Erhalte das Begleitbuch **„SMALLTALK – 50 EINFACHE EINSTIEGE INS GESPRÄCH“** kostenlos dazu. Folge einfach dem Link, um das E-Book GRATIS herunterzuladen:

http://www.55min.de/smalltalk-50-einfache-einstiege

# KAPITEL 1

## KEINE ANGST VOR SMALLTALK

Hallo, mein Name ist Damian Presto und als allererstes möchte ich mich bei Ihnen dafür bedanken, dass Sie „Smalltalk – Vom Anfänger bis zum Profi“ gekauft haben.

Dieses Buch enthält alle bewährten Schritte und Methoden, mit denen Sie ‚das kleine Gespräch‘ leicht aufnehmen, souverän aufrechterhalten und mit einem guten Eindruck verlassen können.

Nicht alle Menschen beherrschen von Haus aus die Kunst des Smalltalks und bei manchen genießt diese unverbindliche und leichte Art der Konversation einen äußerst schlechten Ruf. Andere wiederum setzen diese Technik nahezu täglich und scheinbar völlig mühelos ein. Sie wirken zum Teil auf ihre introvertierteren Mitmenschen wie wahre Meister der Konversation. Die Smalltalk-Profis schütteln nur so die Gesprächsthemen aus dem Ärmel, ohne große Anstrengung oder weiter darüber nachdenken zu müssen und diese Technik erscheint vielen wie angeboren und unerreichbar. Wenn Sie auch so denken, wie ich es früher getan habe, dann lassen Sie sich so sehr davon beeindrucken, dass Sie zeitweise den Mut verlieren und gar nicht erst versuchen Ihre Kommunikationsfähigkeiten zu verbessern. Sie machen keine Fortschritte und bleiben auf Ihrer sozialen Phobie hängen, statt sich selbst zu einem Meister der beiläufigen Kommunikation zu entwickeln. Sie finden sich damit ab, dass Sie eben keiner dieser großen Redner sind, die Menschen für sich gewinnen und einfach neue Leute kennenlernen können.

Doch Sie können etwas unternehmen und es ist leichter als Sie denken! Mit den richtigen Methoden und dem nötigen Verständnis ist Smalltalk eine absolut erlernbare Fähigkeit, die Ihnen nicht nur im Beruf dabei hilft, Kontakte zu knüpfen und ein Netzwerk aufzubauen, sondern auch Ihre Lebensqualität erheblich verbessert. Stellen Sie sich vor, Sie sitzen an einem Tisch mit mindestens 10 völlig unbekannten Personen. Sie kennen diese Personen nicht und dennoch wissen Sie direkt, worüber Sie sprechen können. Ihnen fallen nicht nur neue Themen ein, sondern Sie sind perfekt auf jede Art von kleiner Unterhaltung vorbereitet. Sie führen das Gespräch und kontrollieren den Raum mit Ihrer Ausstrahlung. Und das alles ohne Aufregung, Angst vor Zurückweisung oder peinliche Schweigeminuten.

Dieses Buch zeigt Ihnen in den folgenden Kapiteln, wie Sie ganz leicht in das Thema Smalltalk einsteigen. Sie lernen zuerst, was Smalltalk genau ist, wofür man ihn am besten anwenden und in welchen Situationen er für Sie nützlich sein kann. Anschließend lernen Sie alle Techniken für den Einstieg in einfacher und direkt anwendbarer Form, damit Sie direkt loslegen und erste Erfolge für sich verbuchen können. Später bauen wir Ihre Kenntnisse dann mehr und mehr aus. Dabei werde ich Sie auf Ihrem Weg vom Anfänger zum Konversations-Profi begleiten und Ihnen alle dafür notwendigen Werkzeuge an die Hand geben. Wenden Sie die beschriebenen Tipps und Schritte dieses Buches an, springen Sie über Ihren eigenen Schatten und lassen Sie sich auf keinen Fall von Rückschlägen entmutigen. Dann können auch Sie bald völlig mühelos auf Menschen zugehen, Gesprächsideen entwickeln und Konversationen führen wie ein Profi.

Lassen Sie uns also keine Zeit verlieren und sogleich anfangen. Das nächste Kapitel beginnt mit einer einführenden Definition von Smalltalk und warum dieser für Sie so wichtig ist.

# KAPITEL 2

# WAS IST SMALLTALK?

## KONVERSATION AUF ENGLISCH

Da wir uns entschlossen haben, dem Phänomen Smalltalk auf den Grund zu gehen, es zu verstehen und einzuüben, sollten wir uns zunächst darüber klar werden, worüber wir genau sprechen. Der Begriff kommt aus dem Englischen, er gibt uns damit schon den Hinweis auf die englische Kunst des Redens. Eines der wesentlichen Elemente der „feinen englischen Art" sich zu unterhalten, ist das sogenannte „Easy Going", was im Wesentlichen bedeutet, nie den leichten, lockeren Gesprächston zu verlassen, und selbst bei ernsthaften Anschuldigungen oder Vorwürfen dem Gegenüber die Chance zu lassen, sein Gesicht zu wahren. Dazu gehört ebenso das berühmte „Understatement", die eigenen Erfolge, aber auch Anstrengungen und Probleme harmlos und verniedlicht darzustellen, aber keinesfalls unerwähnt zu lassen. Auf diese Art betont man die eigene Stärke und Größe, ohne das Gespräch zu dominieren und ohne allzu offensichtlich um Beifall zu fragen. Weiter gehört zum englischen Konversationsstil auch die selbstverständliche Freiheit, auf eine Frage schlichtweg nicht zu antworten, uns stattdessen ein ganz anderes Thema anzuschneiden.

All dies miteinander gipfelt im sogenannten Smalltalk, also dem „kleinen Gespräch". Small bedeutet hierbei nicht kurz, denn das ist der Smalltalk nicht zwangsläufig, sondern bezieht sich auf die Themen und das Engagement.

## UNTERHALTUNG IST DAS THEMA

Es geht eben nicht um große, wichtige, nicht einmal um interessante Themen, oder gar darum, diese auszudiskutieren. Genau genommen geht es eben nicht um die Themen, sondern um den zwischenmenschlichen Austausch, so zählt es unter Engländern zur hohen Kunst, einen langen und interessanten Smalltalk beispielsweise nur über das Wetter zu führen. Für Deutsche ist diese hohe Kunst kaum zu erreichen, ja meistens nicht einmal zu verstehen. Für uns geht es immer darum, etwas mitzuteilen, und nicht, sich mitzuteilen.

„Small" sollte bei dieser Unterhaltung auch unser Engagement bleiben. Sicherlich geht es darum, Interesse füreinander zu zeigen, darum, Sympathie und Empathie zu leben, aber eben fein dosiert, in einem lockeren, unverbindlichen Rahmen, ohne persönliche Dramen, ohne sich oder etwas beweisen zu müssen.

Das führt uns zur vermutlich wichtigsten Eigenart des Smalltalks: der Unverbindlichkeit. Es gibt in der Regel keinen Zwang, mit jemandem einen Smalltalk zu beginnen, es gibt keine wie auch immer geforderte oder ideale Länge, und es gibt kein irgendwie erwartetes Ergebnis. Außer dem, sich gut unterhalten zu haben. Ein guter Smalltalk kann nur aus ein paar flüchtigen Sätzen bestehen oder sich über eine Stunde hinziehen. Ebenso unverbindlich, wie wir das Gespräch beginnen, können wir es auch beenden. Den Erfolg des Gesprächs messen wir daran, ob wir eine positive Verbindung herstellen konnten, beziehungsweise eine bestehende verstärkt haben. Gleichgültig, ob diese

Verbindung zu irgendetwas führt. Das „kleine Gespräch“ ist kein Mittel zum Zweck, es genügt sich selbst. Die typisch englische Kunstform der Unterhaltung ist die Freude am sozialen Miteinander an sich.

# KAPITEL 3

# WOFÜR WIRD DENN SMALLTALK GEBRAUCHT?

## SOZIALES MITEINANDER

Im letzten Kapitel sind wir zum Schluss gekommen, dass der Smalltalk an sich nicht an eine bestimmte Absicht gebunden ist. Er dient in sich einfach dazu, sozialen Umgang zu haben, mit Mitmenschen zu interagieren, sich auszutauschen, in Kontakt zu treten.

Gerade im urbanen Raum, in dem heute der Großteil der Menschen in den industrialisierten Staaten lebt, ist der soziale Kontakt verkümmert. Zumindest der, der nicht mit kommerziellen oder beruflichen Absichten verfolgt wird. Schon der Blickkontakt wird tunlichst vermieden, er könnte als Interessenbekundung oder gar als Aufforderung aufgefasst werden. Kommt es dann trotzdem zu einem freundlichen Gruß, wechseln viele aus Angst die Straßenseite. Angst wovor? Wohl kaum vor irgendeiner Bedrohung, genau genommen auch nicht aus Angst davor, um Hilfe gefragt zu werden, auch nicht finanzieller Art. Es ist die Scheu vor dem Kontakt, die Angst, aus vermeintlicher Höflichkeit etwas anhören zu müssen, was uns nicht interessiert, und letztlich die Gefahr, die Maske der Anonymität und Distanz zu verlieren.

## GLÜCKLICHER DURCH SMALLTALK

In den USA wurde ein Versuch durchgeführt, bei dem manche Teilnehmer auf eine längere Zugfahrt geschickt wurden, mit der Aufgabe, möglichst viele Menschen unterwegs anzusprechen, andere dagegen mit der Anweisung, möglichst mit niemandem zu reden. Die Teilnehmer mit der ersten Aufgabe waren deutlich glücklicher, als sie ankamen. Smalltalk macht glücklich. Die meist deutlich sichtbare Ablehnung gegen Kontakt ist oft ein Zeichen eigener Unsicherheit, die positiven und erfreulichen Reaktionen auf eine Kontaktaufnahme überwiegen die negativen Erfahrungen bei weitem. Viele Menschen sind dankbar und glücklich, wenn sie sich unterhalten können.

Der Smalltalk macht uns ein bisschen glücklicher, denn wir fühlen uns vom Gegenüber angenommen, als Mensch geschätzt und wertvoll. Wir brauchen den Smalltalk, um Kontakt zur sozialen Umgebung aufzunehmen und uns bestätigt und willkommen zu fühlen.

Der Smalltalk dient uns also zur Kontaktaufnahme oder Kontaktpflege und hat daher überall dort eine besondere Bedeutung, wo Kontakte wichtig sind. Wir können uns wohl kaum einen Bereich vorstellen, wo sie unwichtig wären. Ob es die Verwandten sind, die Bekannten unserer Eltern oder Freunde unserer Kinder, die Mitschüler, Mitstudenten oder Professoren, die Arbeitskollegen und Vorgesetzten, die Sachbearbeiterin bei der Bank oder der Verkäufer in der Metzgerei. Denn wenn sie guten sozialen Kontakt zu ihm pflegen, wird er Ihnen das beste Stück Fleisch anbieten.

## EIN STÜCK VOM KUCHEN

Der Smalltalk ist also unser täglich Brot im sozialen Leben, und ohne ihn werden wir keine Verhandlung zum Erfolg bringen und niemanden von unseren Qualitäten überzeugen. Es ist das gegenseitige Abtasten der vorhandenen Spannung und Erwartung, der Ruhe und Gelassenheit, der Aufmerksamkeit und Sympathie. Erst nach dem „Wittern" der Chemie, die die Personen verbindet und der Schwingungen, die im Raum schweben, wird ein erfahrener Sitzungsteilnehmer oder Verhandlungsführer zum Thema kommen. Dem Ahnungslosen erscheint dies oft als ein Hinhalten, eine Verzögerungstaktik, ein auf - die - Folter – spannen. Und verpasst dabei seine große Chance, die Sympathie und Empathie der anderen für sich zu gewinnen. Denn das Ritual des Smalltalks ist die wichtige und unverzichtbare Vorbereitung für die folgende Runde, Wer sich hier verweigert oder sperrt, wird in der Folge einen schweren Stand haben, in manchen Kulturkreisen sogar gar nicht bis zur nächsten Runde vordringen.

Wir brauchen den Smalltalk Im Geschäftsbereich, aber auch beispielsweise vor mündlichen Prüfungen, um eine Basis von Verständnis und Vertrauen zu schaffen.

Eine noch viel größere Rolle spielt der erfolgreiche Smalltalk auf der gesellschaftlichen Ebene. Empfänge und Vernissagen verfolgen keinen anderen Zweck, als einen willkommenen Anlass dazu zu nutzen, dem Smalltalk eine Plattform zu bieten. Viele dieser Anlässe sind exklusiv für den Smalltalk da und weiterführende oder verbindlichere Gespräche sind hier fehl am Platz. Es geht ausschließlich um das soziale Miteinander, um das gegenseitige „Beschnuppern" und die Selbstdarstellung. Daraus können dann später weitere Kontakte, Beziehungen und Verbindungen entstehen, müssen aber nicht.

Wir kommen zu den Vorteilen von Smalltalk.

# KAPITEL 4

## VORTEILE

Welche Vorteile der Smalltalk gegenüber den anderen Formen von Kennenlernen oder Kontaktpflege hat, erkennen wir sofort, wenn wir uns die Alternativen vor Augen halten.

### ALTERNATIVEN ZUM SMALLTALK?

Betrachten wir zunächst das Kennenlernen. Alternativ wäre hier, ein Date über beispielsweise E-Mail oder Telefon zu vereinbaren, oder aber die erste Begegnung, indem wir durch jemanden vorgestellt werden.

Wir alle kennen die endlosen Überlegungen und Unsicherheiten vor einem Date. Wie wird der andere sein? Werde ich ihn überhaupt mögen? Wenn nicht, wie kann ich mich aus der Affäre ziehen, ohne einen schlechten Eindruck zu hinterlassen? Oder, falls der Gegenüber denn unsere Sympathie hat, wird es ja noch viel komplizierter. Denn dann wollen wir ja auch sympathisch und nett, vielleicht auch noch attraktiv, auf den Gegenüber wirken. Das macht die Vorbereitungen zum Date reichlich kompliziert. Schon bei der Auswahl des Outfits muss die richtige Mitte getroffen werden zwischen elegant oder salopp, zwischen bieder und extravagant, zwischen seriös und flippig. Und das ohne den Gegenüber zu kennen. Die nächste Hürde bei der Vorbereitung, und die noch weitaus schwierigere, ist die Überlegung, wie ich mich geben, wie darstellen möchte. Da tun sich noch viel größere Spannungsfelder auf, von souverän, erfolgreich und selbstbewusst bis natürlich, spontan und locker. Wir sehen schon, wohin das führt. Schon im Vorfeld verunsichern wir uns selbst, was und wie wir sind und wie wir wirken. Und wirken wollen.

Dann kommt endlich der Zeitpunkt der Begegnung. Da wir jetzt bei den Alternativen zum Smalltalk sind, haben wir keine Möglichkeit zum aneinander herantasten und ausloten. Die einzigen Alternativen wären, gleich in eine Fachdiskussion einzusteigen, falls sie schon im Voraus wissen, für welche Themen sich der Partner beim Date interessiert, oder steckbriefartig in einer Art erschwertem Speed-Dating seine Personalien, Beruf und Hobbies herunterzubeten. Also wohl keine Alternative.

## UNVERBINDLICH TESTEN

All das ersparen wir uns beim Kennenlernen durch den Smalltalk. Spontan begegnen wir dem Gesprächspartner und schon durch Blickkontakt spüren wir, ob wir uns mit ihm und er sich mit uns unterhalten möchte. Falls es dann doch nicht so recht miteinander klappt, kommt uns die Unverbindlichkeit zugute, sodass wir uns jederzeit wieder vom Gespräch verabschieden können. Die Unverbindlichkeit ist auch der große Vorteil bei den Themen. Es ist keinesfalls nötig, sondern im Gegenteil ganz und gar nicht sinnvoll, gleich Details über uns selbst mitzuteilen.

Genau das ist der Vorteil des Smalltalks. Wir gehen einen

Schritt aufeinander zu, unterhalten uns miteinander, ohne über etwas zu sprechen, was uns wichtig wäre, und nehmen uns dabei gegenseitig wahr, die Tonlage und Stimmung, die Sympathie und Chemie, das Interesse und die Bereitschaft zum Kennenlernen. Es ist ein erster Schritt, um sich gegenseitig zu beschnuppern, ohne jegliche Verpflichtung, weiter zu gehen.

Ein oft massiv unterschätzter Faktor ist die Rolle des Smalltalks bei Geschäftsterminen. Oftmals stürzen sich Teilnehmer bei den Geschäftstermin, gleich in die Verhandlungen, ohne sich Zeit für einen kleinen Smalltalk zu nehmen. Dieser aber ist eine wichtige Voraussetzung, um die Verbindung herzustellen, um eine gemeinsame Gesprächsbasis zu finden. Hier zeigen sich ganz klar die Vorteile des „Vorfühlens", wie die Gesprächspartner zueinander stehen, wieviel Spannung und Stress im Raum stehen, wie locker oder ernst die Gespräche werden, wieviel Bereitschaft zu Kompromissen besteht.

Der Smalltalk ist ein hervorragendes Medium, um eventuell vorhandene Spannungen im Vorfeld abzubauen, und eine Vertrauensbasis zu schaffen. Stellung, Respekt und das Gewicht der Stimme, die sich die Verhandlungspartner im Smalltalk verschafft haben, sichern ihnen Vorteile bei den folgenden Diskussionen.

# KAPITEL 5

## VORURTEILE

Nachdem wir nun gesehen haben, was Smalltalk eigentlich ist und welche Vorteile er uns bietet, gehen wir noch auf die Vorurteile ein, die gegenüber dem Smalltalk existieren und sich hartnäckig halten.

### GEGEN DIE LANGEWEILE

Nach wie vor ist oft zu hören, Smalltalk sei langweilig, weil es nur um langweilige Themen gehe. Es ist offensichtlich, dass hier das Thema mit dem Zweck und dem eigentlichen Inhalt des Gesprächs verwechselt wird. Nachdem wir in Kapitel 3 dargestellt haben, wozu der Smalltalk dient, sollte klar sein, dass es eben nicht um das Thema geht. Zudem ist es ja gerade beim Smalltalk jedem freigestellt, das Thema zu wechseln, wenn er absolut nichts damit anfangen kann. Wer sich also über das Thema beschwert, tut das, weil er sich nicht die Mühe macht, ein interessanteres gemeinsames Subjekt für das Gespräch zu suchen und einzubringen.

Vielfach wird aber auch das Gesprächsthema dafür verantwortlich gemacht, dass der Gegner des Smalltalks in Wirklichkeit kein Interesse am eigentlichen Zweck der Unterhaltung hat, nämlich dem zwischenmenschlichen Kontakt. Die Themen sind oft nur vorgeschoben. Selbst das Wetter ist spätestens seit der Klimaerwärmung kein lapidares Thema mehr, und mittlerweile, da das Wetter künstlich mithilfe von Chemikalien manipuliert wird, ist das Thema sogar politisch brisant und keineswegs langweilig.

## ZEIT NEHMEN

Ganz ähnlich verhält es sich mit dem Vorurteil, Smalltalk sei reine Zeitverschwendung. Wer solch eine essentielle Form des sozialen Kontakts, des Kennenlernens und der Kontaktpflege als Zeitverschwendung ansieht, hat vermutlich noch nicht verstanden, worum es bei dieser Art Unterhaltung geht oder hat schlicht kein Interesse an sozialen Kontakten. Oft bezieht sich die Behauptung, Smalltalk sei Zeitverschwendung, auch auf bestimmte unliebsame Gelegenheiten. Der Ehemann langweilt sich beispielsweise beim Einkaufen und Stadtbummel weil die Gattin sich mit all ihren Freundinnen unterhält und mit Verkäuferinnen oder anderen Kunden durch den Smalltalk Kontakt aufnimmt. Seine Gespräche mit den Nachbarn oder Bekannten in der Eckkneipe sieht er allerdings nicht als Smalltalk, genauso wenig wie Gespräche und Kommentare an der Tankstelle oder auf dem Fußballplatz. Das sind jetzt natürlich platte Pauschalisierungen, aber diese machen wohl am besten verständlich, worum es geht.

Ein weiteres Vorurteil, das öfter zu hören ist, besagt, dass der Smalltalk in erster Linie zur Selbstdarstellung diene. Tatsächlich wird man hin und wieder auf Personen treffen, die das Spiel des Smalltalks missverstehen oder missbrauchen, um sich selbst in den Mittelpunkt zu stellen, oft auch, um entweder Bewunderung für die eigenen Leistungen oder Mitleid für das Unglück und die Krankheit zu bekommen. Doch das sind keine Eigenheiten des Smalltalks, sondern dessen Missbrauch. Beim Smalltalk geht es ja, wie wir gesehen haben, eben darum, das Persönliche nicht gleich ins Gespräch einzubringen. Außerdem, wie schon oben betont, steht es ja demjenigen frei, den so etwas stört, das Thema oder den Gesprächspartner zu wechseln.

# KAPITEL 6

## DIE GRUNDPFEILER GUTEN SMALLTALKS

Wir haben bislang den Sinn und die Vorteile und Vorurteile zum Smalltalk beleuchtet, und damit die Basis, wozu und wie wir ihn nutzen. Damit können wir zu den wesentlichen Bestandteilen eines guten Smalltalks kommen. In den folgenden Kapiteln geht es dann Stück für Stück im Praktischen Teil darum, wie wir die folgenden Grundpfeiler des Smalltalks von Anfang an umsetzen und damit schon beim Üben die Freude und den Reiz an dieser Form der Unterhaltung entdecken. Denn darum geht es in erster Linie: den Spaß am Smalltalk.

Die Grundpfeiler des guten Smalltalks:

### SYMPATHIE ALS GRUNDLAGE FÜR EIN GUTES GESPRÄCH

Es kommt darauf an, den anderen Gesprächsteilnehmern zu zeigen, dass man sie mag. Das liest sich zunächst einmal recht schlicht und einfach, und das ist es genau genommen auch: vorausgesetzt, dass man die anderen wirklich mag, wird es einem nicht schwer fallen, dies auch zu zeigen. Wir werden sehen, dass dies zu rund 95% unabhängig von den Worten geschieht, die wir wählen. Die wesentlichen Wege, dies mitzuteilen, sind Tonfall und Tonlage, Körperhaltung und Gestik, und natürlich der Gesichtsausdruck, die Augenbrauen, das Zwinkern, das Lächeln. Dazu kommen wir später noch. Die weitaus schwierigere Hürde ist hier, die anderen auch wirklich zu mögen. Denn falls man dies nur vorspielen würde, wird dies der Gegenüber irgendwann spüren. Auch dazu, wie wir es schaffen, die anderen zu mögen, kommen wir noch im praktischen Teil.

## GLÜCK SCHENKEN ALS GESPRÄCHSZIEL

Der zweite Grundpfeiler eines wirklich guten Smalltalks ist es, dem Gesprächsteilnehmer etwas zu geben. Ziel ist es, dass der Andere sich nach dem Gespräch besser fühlt als vorher, ein bisschen leichter, ein bisschen glücklicher, ein bisschen selbstbewusster wird. Ob wir das jedes Mal schaffen, ist selbstverständlich recht fraglich, und es bräuchte schon ein unendlich sonniges Gemüt, dies bei jedem Gespräch in die Realität umzusetzen. Was zählt, ist die Absicht, das Bemühen darum, die regelmäßige Übung, das umzusetzen. Wir spüren an uns selbst, wie gut es tut, wenn wir ein bisschen froher und besser gelaunt sind nach einem Gespräch. Es ist eine der wichtigsten Formen im sozialen Miteinander, neue Kraft zu schöpfen. Auch zu diesem Thema werden noch ausführliche praktische Details folgen.

## OHNE AKTIVES ZUHÖREN FUNKTIONIERT ES NICHT

Der dritte Grundpfeiler, scheinbar einfach und selbstverständlich, ist das Zuhören. Aktives Zuhören geht weit darüber hinaus, einfach die Ohren offen zu halten und den Worten des Anderen zu folgen. Es geht einerseits darum, zu erspüren und gegebenenfalls auch nachzufragen, was der Andere eigentlich mitteilen möchte, was sich oft zwischen und hinter den tatsächlichen Worten versteckt. Das heißt eventuell auch, durch gezielte Fragen, oder beispielsweise durch das Heben der Augenbraue, den Gesprächsfluss dorthin zu leiten. Und das bedeutet vor allem, unser Interesse am Mitgeteilten, unser Mitgefühl und unsere Teilnahme zu spiegeln, also demjenigen zu zeigen, der es erzählt. Das Zuhören ist genauso wichtig wie das Sprechen, Als Zuhörer signalisieren wir, welche Themen uns ansprechen, welche uns geläufig sind und welche eher neu für uns sind. Wir zeigen, welche Ansichten uns genauer interessieren, welche sich mit unseren Ansichten decken und welche nicht. Wir bestätigen Argumente oder relativieren sie. Wir zeigen unsere ganze Bandbreite an Sympathie und Empathie, für den Sprecher, wie für die besprochenen Themen. Das alles teilen wir ständig beim Zuhören mit, ohne selbst dabei zu sprechen. Wir werden lernen und üben, dies bewusster zu tun und auf die Reaktionen zu achten. Wer lernen will, zu reden, muss erst lernen, richtig zuzuhören.

# KAPITEL 7

## ERSTE BEISPIELE

Sicher ist es nicht ganz so einfach, dies alles theoretisch nachzuvollziehen, und gerade bei der leichten, fließenden Unterhaltung zu sehen und zu hören, auf was wir uns hier beziehen und was wir versuchen, deutlich zu machen. Wir werden versuchen, an ein paar Beispielen zu verdeutlichen, wie das vorher gesagte gemeint ist und wie es in der Praxis aussieht.

### BRÖTCHEN HOLEN

Ein Standardbeispiel ist der Einkauf von Brötchen morgens in der Bäckerei. Wir können natürlich unseren Blick fest auf die Brötchen oder die Tageszeitung richten, ein „Moin" murmeln und die Brötchen bestellen, ohne die Verkäuferin überhaupt anzusehen. Ganz anders verläuft der Morgen, und zwar für uns und die Angestellte der Bäckerei, wenn wir mit einem munteren „Guten Morgen allerseits" zur Tür hereinkommen, und den Anwesenden, die uns daraufhin ansehen, mit einem freundlichen Lächeln und offenem Blick begegnen.

Falls wirklich niemand darauf eingehen sollte, müssen wir noch mal nachsetzen, ob wir schlechte Nachrichten verpasst haben, oder ob Freundlichkeit hier unerwünscht sei. Spätestens jetzt werden wir einen dankbaren Blick von der Verkäuferin bekommen, denn der macht das bestimmt auch keinen Spaß. Diesen Blick können wir sogleich nutzen, beispielsweise mit einem Augenzwinkern in Richtung des mürrischen Kunden an der Kasse, wodurch schon eine Art gemeinsames Lächeln über die Sturheit anderer entstehen kann.

Zusätzlich können Sie noch kommentieren, dass draußen der wunderschönste Sonnenschein ist, oder, falls nicht, dieser bestimmt bald kommt. Damit bringen Sie ein kleines Stückchen Sonne in die Herzen aller, auch derer, die sich nicht am Austausch beteiligt haben, und selbst für den mürrischen Kunden an der Kasse, für den wir Mitgefühl haben, weil er sich nicht dazu durchringen kann, froher und offener zu sein, und dem wir dankbar dafür sind, dass er uns die Möglichkeit dieser Begegnung gibt.

Bekommen wir jetzt einen fragenden Blick von dem mürrischen Kunden, können wir ihm von Herzen einen schönen Tag wünschen und hoffen, ihm damit ein kleines Bisschen Freude gegeben zu haben, und sei es nur ein leichtes Schmunzeln, während er den Kopf über uns schüttelt.

Aber damit ist unser kleiner 2-Minuten-Smalltalk am Morgen ja noch nicht beendet. Denn jetzt kommen wir dran. Durch den Blickkontakt und das Zwinkern haben wir ja schon so etwas wie ein stillschweigendes „Band“ geknüpft, das wir jetzt verstärken können.

Um mehr Vertrauen zu schaffen, bietet es sich an, dass wir in unseren nächsten Sätzen nicht von einer Person reden, sondern den Begriff „alle“ verwenden. „Alle“ wirkt freundlicher und schafft eine vertrauensvolle Atmosphäre.

Wir können uns zum Beispiel erkundigen, ob alle Kunden am Morgen so unfreundlich sind.

Und mit dieser Frage geben wir den Ball weiter an die Verkäuferin, die jetzt durch ihren Kommentar über freundliche und sympathische Kunden durchscheinen lässt, wie sympathisch Sie ihr sind, was mit Sicherheit dankbar ist, dass sich jemand dafür interessiert, wie es ihr mit den Kunden geht. Schon dieses Gefühl wird ihr etwas für den weiteren Arbeitstag mitgeben, ein kleines bisschen Wärme und Freude.

Jetzt ist es an Ihnen, aktiv zuzuhören, nicht nur sehr aufmerksam zu hören und zu beobachten, wie sie sich mit den Kunden fühlt, sondern vielleicht auch durch bestätigendes Kopfnicken oder fragende Blicke dahin zu steuern, wie sie denn den Kunden begegnet und ob sie nicht insgesamt einen schöneren Arbeitstag hätte, wenn sie den Kunden offener, aufgeschlossener und freundlicher entgegen kommt.

Inzwischen warten schon die nächsten Bäckereikunden, und daher beenden wir unser Beispiel und hoffen, dass es geholfen hat, die theoretischen Ausführungen zu erhellen.

Das vorherige Beispiel zeigt wunderbar, wie wir uns und anderen etwas Positives geben, ohne irgendeinen Vorteil, irgendeine weitere Absicht damit zu verbinden. Das nun folgende Beispiel folgt ganz anderen Voraussetzungen. Es geht hier um einen geschäftlichen Termin, und zwar nicht irgendeinen, sondern einen sehr wichtigen.

# GESCHÄFTSTERMIN

Für Unternehmen in Deutschland wird es immer wichtiger, ihr Managementsystem zertifizieren zu lassen, das heißt, ein Qualitätsmanagementsystem aufzubauen und einzuführen, das dafür sorgt, dass alle Abläufe im Unternehmen auf Mindestanforderungen der Qualität regelmäßig überwacht werden. Dieses System wiederum wird von unabhängigen externen Auditoren überprüft. Um eine solche Überprüfung geht es in unserem Beispiel. Für die Prüfung ist ein kompletter Arbeitstag angesetzt, und mir als Verantwortlicher im Betrieb obliegt es, die Auditorin, die zum ersten Mal in diesen Betrieb kommt, vom Bahnhof abzuholen und in der Folge durch den ganzen Prüfungstag zu begleiten. Die Situation ist also keineswegs unverbindlich, der Erfolg des Tages und damit der Prüfung hängen mit von dem Smalltalk auf dem Bahnhof und während der Fahrt in den Betrieb ab. Und damit natürlich auch mein beruflicher Erfolg, da ich dafür verantwortlich bin, und der der Autorin, die selbständig ist und von solchen Kundenaufträgen und deren Empfehlungen lebt.

Da stehe ich nun im Anzug auf dem Bahnsteig und warte auf den eintreffenden ICE. Was werde ich sagen, wie auf sie zugehen? Ich für mich überlege mir keine Themen im Voraus. Vorher zurechtgelegte Themen wirken dann während des Smalltalks oft steif und deplatziert, eben weil sie vorher einstudiert sind. Viel wichtiger ist das *Wie*. Ich mache mir klar, dass wir gemeinsame Ziele verfolgen, nämlich die Verbesserung und Weiterentwicklung des Qualitätsmanagements, dass wir also gewissermaßen Kollegen sind, innerhalb und außerhalb des Betriebs. Es wird wichtig und entscheidend sein, dies über den Tag hinweg im Auge zu behalten, denn sie wird selbstverständlich gerade meine Arbeit prüfen und beurteilen und ich werde andererseits den Tag für sie angenehmer oder formeller gestalten und sie späterhin weiterempfehlen oder nicht. Die Begrüßung soll aber auch nicht zu kollegial oder gar jovial ausfallen, es gilt ja auch, der Seriosität und Fachkompetenz Respekt zu zollen.

Es geht also darum, beim ersten Zusammentreffen Sympathie auszustrahlen, beruflichen Respekt zu zollen, den ehrlichen Wunsch, sich gegenseitig einen angenehmen und erfolgreichen Tag zu schenken und diesen Wunsch auch mitzuteilen, einen kleinen Einblick zu geben, wie sicher/unsicher, nervös oder gespannt man selber ist. Als nächstes wollen wir uns dann aufmerksam darauf konzentrieren, wie sie reagiert, welche Signale sie aussendet und was sie nun als erstes mitteilen möchte. In den gut 2 Stunden Bahnfahrt hierher wird sie sich auch Gedanken gemacht haben, wie sie sich hier einführen möchte.

Das heißt Zuhören, aktiv zuhören, darauf achten, wie locker, offen und vertrauensvoll sie unser Vorbereitungsgespräch und später unsere Zusammenarbeit gestalten möchte. Wir werden nicht versuchen, hier irgendwelche Worte wiederzugeben, zumal es uns ja nicht um den Ort, das Bahnfahren, die Verspätung oder das Wetter geht, die bestimmt unter den ersten Themen sein werden. Viel wichtiger sind Gestik und Mimik, allerdings auch viel schwieriger zu beschreiben.

Ich erspähe sie auf dem Bahnsteig, rund 50 Meter entfernt, mit einer schweren Aktentasche in einer Hand und einer Laptoptasche umgehängt, nach mir Ausschau haltend. Als sie in meine Richtung schaut, hebe ich die Hand als Signal, winke ganz leicht, und beginne, in ihre Richtung zu laufen. Dynamisch, aber nicht zu eilig oder hektisch. Sie nutzt die Zeit, etwas lässiger zu stehen, den Gurt des Laptops mit der freien Hand zurechtzurücken und dabei leicht den Kopf zurückzulegen und die langen Haare aus dem Gesicht zu schütteln, um einem freudigen Lächeln Platz zu machen. Dies Lächeln gilt zunächst einmal dem geglückten Treffen und Erkennen. Aber mit jedem Schritt, den wir näher kommen, wird das Lächeln auch persönlicher, es sagt gewissermaßen, wie froh wir sind, dass wir so einer sympathischen Person begegnen. Das hätte ja auch ganz anders sein können.

Noch entscheidender wird jetzt der Blickkontakt. War zuerst noch Gelegenheit, sich umzusehen, wo der Ausgang ist oder wie lange der Zug hält, stellen wir uns beim Näherkommen auf die Begegnung ein und begegnen ihr mit einem offenen Blick. Jetzt auf die Uhr oder gar aufs Handy zu schauen, wäre ein deutliches Zeichen von Desinteresse und das Signal, sich auf das rein formelle und geschäftliche zu beschränken. Wir sind jetzt nahe genug, um zumindest unseren rechten Arm auszubreiten und damit so etwas wie eine Umarmung anzudeuten, bevor wir zum Händedruck ausholen.

Wir sollten uns bewusst machen, dass in benachbarten Kulturen eine leichte Umarmung, zumindest eine Hand auf den Arm legen oder gar ein Begrüßungskuss denkbar wären. Also sollten wir zumindest unseren Händedruck innig und herzlich gestalten. Wir denken beim Händedruck daran, wie wir sie bereits mögen, und dass wir ihr eine angenehme Zeit bereiten wollen. All dies natürlich vorausgesetzt, dass unsere ausgesendeten Signale auch angenommen und erwidert werden. Wir können immer eine Spur herzlicher und offener, oder auch aufmerksamer, als der Gegenüber sein, aber wir müssen uns zurücknehmen, wenn der andere dies tut, denn es geht ja darum, sich aneinander heranzutasten, die einvernehmlich gewünschte Nähe oder Distanz zu finden.

Damit kommen wir endlich zum ersten Wort in unserem Smalltalk, was vermutlich „Hallo" oder „Guten Morgen" sein wird. Naheliegend ist es, sich nach der Fahrt zu erkundigen, anzubieten, die Tasche zu tragen, und dabei zumindest grob zu informieren, wie weit es bis zum Auto und wie lange bis in den Betrieb sein wird. Vielleicht noch, dass es dort bei der Ankunft einen Kaffee oder einen Imbiss geben wird, aber damit sollte den sachlichen Gegebenheiten auch Genüge getan sein. Wir wollen uns ja unterhalten.

Auf meine Frage, ob sie die Stadt kennt, antwortet sie mit einem leichten Lachen, dass sie als Jugendliche mal ein paar Tage hier war. Dies bietet uns einen guten Anknüpfungspunkt für den weiteren Fortlauf des Gesprächs.

Wir können zum Beispiel als Nächstes Fragen, was denn der Grund ihres Besuchs als Jugendliche war. Das sie selbst das Thema angesprochen hat, liegt die Vermutung nahe, dass sie gerne darüber spricht und dass es eine angenehme Erinnerung ist.

So bekunden wir Interesse und haben ein gutes Gesprächsthema gefunden, auf das unsere Gesprächspartnerin nicht nur mit einem einsilbigen ja oder nein antwortet. Im gleichen Zuge können wir auch etwas über uns selbst preisgeben, zum Beispiel, dass wir selbst in unserer Jugend auch viel verreist sind oder etwas

Ähnliches. So schaffen wir eine gute Grundlage für einen interessanten Smalltalk.

Hiermit beenden wir vorerst das Beispiel und kommen zu dem, was wir tunlichst vermeiden sollten.

# KAPITEL 8

# TYPISCHE FEHLER UND SCHLECHTE GEWOHNHEITEN

## PRIVATSPHÄRE ACHTEN

Es gibt etliche Fehler beim Smalltalk, die das Gespräch in eine unliebsame Richtung lenken, eine Richtung, über die wir oder der Gesprächspartner eigentlich nicht sprechen wollen, weil sie uns zu persönlich sind, weil sie ein schlechtes Licht auf uns werfen, oder weil sie uns schlichtweg nicht interessieren. Zu persönlich sind mit Sicherheit Diskussionen über die Beziehungen des Gesprächspartners, aber auch Krankheiten und berufliche Erfolge oder Misserfolge. Das heißt, dass wir nicht nach diesen Themen fragen, aber auch, dass wir sie nach Möglichkeit in eine andere Richtung lenken, wenn sie im Gespräch aufkommen. Denn demjenigen, um dessen Privatsphäre es gerade geht, geht es eventuell darum, Anerkennung oder gar Mitleid zu suchen, was auf Dauer anstrengend wird , und sobald es spürbar anstrengt, wird es ihm unangenehm, und er wird sie zu den Themen befragen. Da ist es dann sehr unangenehm, entweder die Fragen zu beantworten, über die wir nicht sprechen wollten, oder aber, die persönliche Frage abzublocken, nachdem der andere sich gerade über seine Persönlichkeit verbreitet hat. Eine schreckliche Unsitte ist das fortgesetzte Jammern über das eigene Schicksal, das Elend und die Ungerechtigkeit in der Welt. Das verbreitet nur trübe

Stimmung und das Gefühl der Hilflosigkeit.

## EMPFINDLICHKEITEN UND BEFINDLICHKEITEN

Dass Partnerbeziehungen in diese ungewünschte Sphäre gehören, ist offensichtlich, aber auch das Verhältnis zu Verwandten oder von Kindern und Jugendlichen zu ihren Eltern gehören hierhin. Bei Jugendlichen sollten wir ohnehin zurückhaltend sein mit allen persönlichen Fragen, da diese naturgemäß unerfahrener im Smalltalk und damit auch unsicherer sind. Unmotivierte Erkundigungen über Schule, Prüfungen oder Zeugnis werden hier sicher nicht positiv als Interesse gewertet.

Die Krankheiten sind quasi durchgehend Thema bei Smalltalks, obwohl sie hier ganz und gar nichts verloren haben. Die Krankheiten anderer, gemeinsamer Bekannter, nicht und schon gar nicht die eigenen. Oft scheint es geradezu ein Wettbewerb, wer die schwerste oder seltenste Krankheit pflegt und welche absonderlichen Therapien und Medikamente man bekommt. Wer den Wettbewerb „gewinnt", verdient das meiste Mitleid.

Entsprechend, aber mit umgekehrten Vorzeichen, sind die Wettbewerbe um Erfolg. Gleichgültig, ob es um Karriere, Autos, teure Klamotten oder luxuriöse Reisen geht, immer gibt es einen Gewinner, der die Anerkennung für sich gewinnt. Und die Anderen? Alle Anderen sind „Verlierer", das heißt, sie gehen leer aus und haben ihre persönlichen „Werte" vergebens dargestellt. Das schafft wenig Begeisterung. Die Themen Beziehung, Erfolg und Krankheit sollen damit bestimmt nicht als Tabuthemen abgestempelt werden, sie haben durchaus ihre Berechtigung, gerade um Nähe und Distanz auszuloten, aber es sollte bei der Erwähnung des Persönlichen bleiben, ohne es zu weit auszudehnen.

## FLEXIBEL SEIN

Aber auch bei allen anderen Themen stößt es auf wenig Gegenliebe, wenn wir uns auf das Gebiet versteifen, obwohl es den Anderen kaum interessiert. So etwas wie „Das müssen Sie doch gesehen haben?" oder gar „Da müssen Sie doch auch eine Meinung dazu haben!" beweisen nur, dass wir dem Gegenüber unsere Themen aufzwingen wollen.

Beliebte Einstiegsthemen beim Smalltalk sind Fußball oder andere sportliche Großereignisse. Selbst wenn wir uns selbst nicht allzu sehr für Fußball interessieren, ist es doch immer ein gutes Thema, um mit jemandem ins Gespräch zu kommen. Wenn wir allerding merken, dass Fußball nicht gerade das Lieblingsthema unseres Gegenübers ist, sollten wir nicht zu sehr auf diesem Thema beharren, sondern uns dann einem neuen Thema zuwenden.

## DISTANZ UND NÄHE

Womit wir beim nächsten Thema sind, den Zumutungen und Vertraulichkeiten. Es erfordert ein gewisses Feingefühl, zu wissen, wann es angebracht ist, auf das vertrauliche Du umzustellen, wenn es nicht eh schon üblich ist. Normal ist, dass der ältere Gesprächspartner das Du anbietet. Bei einer

Gruppe von Leuten achten wir am besten darauf, wie es die Gruppemitglieder untereinander machen. Wenn sich alle Leute duzen ist es ebenfalls okay, wenn wir das Du verwenden. Junge Leute verwenden dabei viel schneller das Du, als ältere Menschen. Ganz verheerend sind irgendwelche kumpelhaften Anwandlungen schon nach den ersten paar Minuten wie „ihm wäre ein Bier / Schnitzel bestimmt lieber“ oder „der bleibt bei mir“. Und absolutes No-Go ist selbstverständlich jede Art von sexistischen Bemerkungen.

## SYMPATHISCH BLEIBEN

Eine weit verbreitete Unsitte sind auch abfällige Bemerkungen, Lästern oder Lächerlichmachen von dritten Personen. Die Gesprächspartner sind sich durchaus bewusst, dass auch sie Ziel dieser Attacken werden könnten, wenn sie nicht mehr anwesend sind. Höhergestellte oder gar prominente Personen wie Politiker oder Sportler gelten quasi als Freiwild, auf deren Kosten man sich profilieren kann. Wenn dies nicht mit deutlichem Respekt und menschlicher Wärme verbunden wird, stellt man sich allerdings eher selbst ins soziale Abseits.

Komplimente hört jeder gern. Komplimente für eine geistreiche Bemerkung, für die freundliche Art oder das interessante Gespräch. Vorsicht ist aber bei Komplimenten zur Figur oder gar zur Attraktivität geboten. Sexuelle „Anmache“ beim Smalltalk kommt nie gut an, ein leichtes Flirten kann dagegen durchaus willkommen sein, wobei ein Augenzwinkern, Lächeln, oder entsprechende Gesten sicher besser ankommen und wichtiger sind als Kommentare zur äußeren Erscheinung, die ja oft mit vielen Selbstzweifeln oder gar Komplexen behaftet sind, und das ziemlich unabhängig vom tatsächlichen Äußeren.

## DABEI BLEIBEN

Auf den Verlauf des Gesprächs gehen wir ja in den folgenden Kapiteln noch im einzelnen ein, trotzdem wollen wir hier ein paar der gängigen Verhaltensweisen anführen, die immer wieder die Freude am Smalltalk verderben. Die wohl schlimmste Unsitte ist es, Desinteresse und Langeweile zu zeigen. Wenn Sie sich mit jemandem unterhalten, dann hören Sie auch aufmerksam zu und sehen Sie ihn an. Gerade bei Veranstaltungen und Treffen ist oft zu sehen, dass Personen bei jemandem oder bei einer Gruppe stehen, aber ganz offensichtlich ihre Aufmerksamkeit auf andere Personen richten oder solche suchen. Wenn jemand kein Interesse an einem Gespräch hat, sollte er es ändern oder sich verabschieden.

Eine ebensolche Missachtung des Smalltalks ist es, in ein bestehendes Gespräch unaufgefordert hineinzuplatzen, um dann auch noch das bisherige Thema schlechtzumachen und ein neues Thema aufzudrängen.

Ein Blick auf die Uhr ist ein deutliches Signal für Langeweile, wenn wir ihn nicht mit einem erklärenden Kommentar, einem Termin oder ähnlichem, versehen.

Ein besonderes Übel sind die Smartphones und Tablets. Sie sind die größten Kommunikationskiller der Gesellschaft. Schon ein Blickkontakt scheitert oft daran, dass der Andere den Blick fest auf sein Smartphone heftet, wer sich mit dem Smartphone beschäftigt, verliert nicht nur jegliche Wahrnehmung der Außenwelt, sondern auch die der Zeit. Es erscheint einem selbst nur ganz kurz, beispielsweise die letzten Urlaubsbilder rauszusuchen, für die Umstehenden dagegen wird es zur langen Wartezeit. Das Tablet oder Smartphone sollten wir beim Smalltalk also wirklich nur dann zücken, wenn der oder die Gesprächspartner eindeutig Interesse bekunden, und wenn dann auch alle etwas sehen können, und auch dann sollten wir die Benutzung des elektronischen Helfers nicht allzu sehr ausdehnen. Sicher gibt es da viele interessante Bilder oder Videos, aber die lenken unsere Aufmerksamkeit letztlich vom Gespräch und von den anderen Personen ab. Das Smartphone unmotiviert während eines Smalltalks zu benutzen, würde ein Zeichen geben, dass man sich aus dem Gespräch ausklinkt und das auf eine nicht sehr freundliche Art.

## ZUM ENDE KOMMEN

Bleibt noch die Beendigung eines Smalltalks zu erwähnen. Ein gelungener und für alle Teilnehmer positiver Smalltalk verliert seine freudige Wirkung, wenn wir am Schluss einfach davonlaufen. Noch schlimmer, als nichts zu sagen, ist allerdings die Unart, falsche Ausreden zu erfinden, warum man jetzt gehen müsse. Das spüren die Gesprächspartner zumindest unbewusst und bekommen das Gefühl, schon während des Gesprächs getäuscht worden zu sein, und dass möglicherweise alles Interesse und alle Teilnahme nur gespielt war. Einer der Vorteile beim Smalltalk ist aber eben die Unverbindlichkeit, dass wir keine Entschuldigung oder Erklärung brauchen, um ihn zu beenden.

Fast beendet ist damit der erste Abschnitt, die Grundlagen des Smalltalks. Fehlt uns nur noch ein Kapitel, und das erfordert nicht nur Vorbereitung, sondern auch Präsenz und Bereitschaft.

# KAPITEL 9

# DER ERSTE EINDRUCK

Schon bevor wir Kontakt aufnehmen, insbesondere, bevor wir uns überlegen, ob wir jemanden ansprechen wollen, bilden wir uns ein erstes Urteil, bis dahin nur aufgrund der optischen Erscheinung, oder, wenn die Person gerade mit jemand anderem spricht, auch noch aufgrund der Stimme und Gestik. In der Regel jedoch ist der allererste Eindruck rein optisch, und das meist noch aus einer gewissen Distanz.

## OUTFIT

Da kommt selbstverständlich zunächst einmal die Kleidung zum Tragen. Die Psychologie, mit welchem Outfit wir was über uns selbst aussagen, füllt ganze Bücher. Daher werden wir hier nicht, auch nicht ansatzweise, versuchen, den Effekt bestimmter Kleidung zu deuten. Wie auch immer, die Bandbreite ist hier beachtlich. Von steif bis locker, von elegant bis flippig, von extravagant bis bieder – mit unserer Kleidung stellen wir uns in einer ganz bestimmten Form dar. Manchmal speziell für diesen Anlass, manchmal ganz alltäglich. Frisur und eventuell Make-Up gehören auch hierher. Ganz wichtig für den Ersteindruck ist aber nicht nur, was wir tragen, sondern auch, wie wir es tragen, wie gepflegt, wie leger oder steif wir es tragen, ob wir uns darin wohlfühlen und ob wir dazu stehen.

Je näher wir kommen, desto mehr Details nehmen wir wahr. Körpersprache und Gesichtsausdruck sagen sehr viel über das momentane Empfinden, aber auch über unsere generelle Geistes- und damit eben auch Körperhaltung. Ausgeglichenheit, Ruhe oder Hektik und Nervosität spiegeln sich in der äußeren Haltung.

## SICH RIECHEN KÖNNEN

Gerüche spielen eine besondere Rolle. Nicht umsonst ist der Markt der Duftwässerchen so groß. Die Gerüche, Körper- wie Mundgeruch oder auch die der Kleidung, sind sehr subtil. Sie dringen in der Regel direkt von unserer Nase ins Unterbewusstsein, wenn wir einen Geruch bewusst wahrnehmen, ist er meist viel zu stark und nicht sehr angenehm. Parfums und Rasierwasser, die allzu aufdringlich sind, stellen die Person ebenso in den Mittelpunkt wie ein endloser Redeschwall, da sie die Note aller anderen überdecken. Nicht umsonst benutzen wir die Redewendung „den kann ich nicht riechen". Tabakrauch, Döner und Bierfahne helfen zumeist auch nicht, einen guten Eindruck zu machen.

## ENTGEGENKOMMEN

Zu all den Äußerlichkeiten kommt die Einstellung, mit der wir uns einer Person zuwenden oder uns abwenden. Diese verraten wir mit Schultern und Kopf, aber auch sehr deutlich mit Händen und Füssen. Zu uns hin oder von uns weg, sich uns gegenüber verschließend oder sich öffnend, all das nehmen wir in den ersten Sekunden einer

Begegnung wahr. Nun kommt noch das Gesicht hinzu, die fragend gerunzelte oder offene Stirn, zweifelnde Augenbrauen, aufmerksame und aufgeschlossene Augen, ein freudiges und verständnisvolles Lächeln... hier ist der Ausdruck so vielfältig wie die Menschen unterschiedlich sind.

Wie mittelmäßige Schauspieler oder Talkmaster können wir die Mimik und Gestik stundenlang vor dem Spiegel oder an anderem Publikum einstudieren oder wir halten uns an die wirklich Großen, die sich die entsprechende geistige Einstellung, das Mind-Set, zulegen, nämlich sich selbst zu mögen, sich für die anderen zu interessieren und diese zu mögen und dies auch zu zeigen.

Auf diese Art machen wir einen bleibenden positiven Eindruck, der echt ist und somit auch dauerhaft Bestand haben wird.

# KAPITEL 10

# JEMANDEN ANSPRECHEN

Um einen Smalltalk zu beginnen, zumal mit einem bis dahin Unbekannten, muss ich ihn zunächst einmal ansprechen. Für viele, zumal für eher Schüchterne und Introvertierte, liegt hier eine der schwersten Hürden. Diese Hemmschwelle hat im Wesentlichen zwei Ursachen, die wir uns zuvor klarmachen und an denen wir arbeiten müssen.

## SELBSTVERSTÄNDNIS

Ein Knackpunkt ist die Art und Weise, wie wir zu uns selbst stehen, wie wir uns selbst einschätzen. Wenn ich mich für langweilig und uninteressant halte, wenn ich davon ausgehe, das mir keine vernünftigen Antworten und Kommentare und schon gar keine passenden Themen einfallen, und dann möglicherweise noch, dass ich nicht attraktiv und auch nicht sympathisch bin, dann muss ich selbstverständlich davon ausgehen, dass sich niemand mit mir unterhalten will. Ich würde mich ja auch nicht mit einem unattraktiven, griesgrämigen und wortkargen Gegenüber unterhalten wollen. Daran müssen wir also erst einmal arbeiten.

## ÜBEN SIE MIT SICH SELBST

Nehmen Sie sich Zeit für sich selbst. Nicht einfach eine Minute zwischen Zähneputzen und ins Bett gehen. Nehmen Sie sich einen Abend für sich, ziehen Sie sich an, wie es Ihnen gerade gefällt, machen Sie sich etwas zu Essen, was Sie sich sonst nicht gönnen, und schalten Sie Handys, Telefone, PCs und Fernseher aus. Und dann versuchen Sie, herauszufinden, wie Sie selbst eigentlich sind, wie Sie sich selbst empfinden. Nicht das, was andere über Sie sagen oder sagen könnten, sondern das, was Sie selbst empfinden. Jetzt nehmen Sie einen Block und fangen an, aufzuschreiben, was Sie gut können. Schreiben Sie auf, was Ihre Stärken und Begabungen sind, was Sie gerne machen, mit was Sie sich auskennen, und über was Sie anderen etwas erzählen können. Zählen Sie auf, was Sie schon alles gemacht und erlebt haben. Jetzt schreiben Sie noch auf, wen Sie sympathisch finden.

Wenn Sie das ernsthaft gemacht haben, wird sicher ziemlich viel auf Ihrem Block stehen. Denken Sie nochmal darüber nach, wie Sie sich selbst empfinden, und wie sich das gegenüber vorher geändert hat. Sie werden sehen, wie Sie lernen, sich selbst zu mögen und zu sich selbst zu stehen.

Anschließend stellen Sie sich vor den Spiegel. Am Besten ein Spiegel, in dem Sie sich von Kopf bis Fuß sehen. Betrachten Sie sich selbst. Nicht die Hose oder das Hemd, das Sie anhaben. Und auch nicht die Frisur oder die Pölsterchen. Schauen Sie sich in die Augen, beobachten Sie Ihren Gesichtsausdruck, Ihre Körperhaltung. Wie wirken Sie? Würden Sie sich gerne mit diesem Spiegelbild unterhalten? Jetzt schauen Sie die Liste noch einmal durch und machen sich bewusst, wie wichtig und wie einzigartig

Sie sind.

Dann schauen Sie wieder in den Spiegel und nehmen die Veränderung wahr. Sie haben sich mehr aufgerichtet, den Kopf tragen Sie höher, Sie können sich selbst anlächeln und Freude steht in Ihren Augen. Der ganze Körper wirkt offener, entspannter und sympathischer. Spielen Sie ein bisschen mit Ihrem Spiegelbild. Winken Sie, zwinkern Sie sich zu, beugen Sie sich vor und deuten Sie eine Umarmung an. Sie werden schnell herausfinden, welches dieser Spiegelbilder Sie am sympathischsten finden und gerne ansprechen würden.

Wiederholen Sie diese Übungen öfters, nicht nur, um sich selbst klarzumachen, wie ansprechend und interessant sie sein können, sondern auch, damit Sie die Körperhaltung, Gestik und Mimik, die Sie vorteilhafter erscheinen lässt, einüben und diese in ihr Repertoire übergehen, das wir meist unbewusst einsetzen. Bei dieser Übung können Sie selbstverständlich auch die digitalen Medien nutzen, also z.B. eine Webcam und den PC, um sich darin selbst zu beobachten, was natürlich den Vorteil hat, dass Sie es aufzeichnen und anschließend betrachten können, so unter anderem Bilder, die Sie im Profil zeigen, oder wenn Sie den Blick senken. Aber dabei kann schnell die Spontaneität verlorengehen. Wie auch immer Sie die Übungen gestalten, Sie werden deutlich merken, dass Sie mehr Selbstbewusstsein und Selbstvertrauen in sich gewinnen und damit mehr Sicherheit, ein interessanter Gesprächspartner für einen Smalltalk zu sein.

## KOMPLEXE VERGESSEN

Kommen wir zum bereits angekündigten zweiten Hindernis, jemanden anzusprechen, nämlich die Angst, zurückgewiesen oder gar ausgelacht zu werden.

Stellen wir uns vor, Sie werden als 14-jährige Schülerin zu einer Geburtstagsfeier Ihrer ein Jahr älteren Kusine eingeladen. Die meisten der Anderen bei der Geburtstagsparty sind älter als Sie und Sie kennen niemanden außer der Kusine, die natürlich die ganze Zeit über mit anderen beschäftigt ist. Sie fühlen sich vermutlich klein und unsicher. Ein Großteil der Anwesenden kennt sich untereinander, sie sind praktisch alle größer und weiter entwickelt als Sie. Das ist natürlich eine schwierige Situation. Geradezu hoffnungslos scheint es, mit einem der Jungs in Kontakt zu kommen, die scheinbar nur Interesse an den älteren und attraktiveren Frauen haben. Die haben noch dazu viel schickere und ausgefallenere Klamotten und Schmuck als Sie. In dieser Lage braucht es schon einiges an Selbstvertrauen und Mut, auf jemanden zuzugehen. Die Gefahr ist natürlich groß, wenn wir einen der netten Jungs ansprechen, dass seine Freundin uns gleich abserviert.

So oder ähnlich fühlten sich viele irgendwann, meist in der Pubertät, wo wir Kontakte suchen und noch sehr unsicher sind, wer oder was wir selbst eigentlich sind. Aus dieser Zeit und diesen Erfahrungen stammt die Unsicherheit, die wir mit uns herumtragen, die Angst, stehengelassen oder gar lächerlich gemacht zu werden. Auch wenn wir heute größer, attraktiver und erfolgreicher sind. Geprägt haben uns verständlicherweise die damals gemachten Erfahrungen, wer sich damals nicht überwinden konnte, jemanden anzusprechen, wird heute mehr innere

Widerstände haben, dies jetzt zu versuchen. Den wichtigsten Schritt, die Unsicherheit zu überwinden, haben wir in der vorhergehenden Übung bereits gemacht. Wir haben uns selbst klargemacht, was unser Selbst ausmacht, was wir können, wissen, darstellen. Wir haben gelernt, wie wir einladend und sympathisch wirken, und wie wir unser Interesse und unsere Sympathie zeigen. Das erhöht unsere Chancen ganz enorm, auf „Gegenliebe" zu stoßen, wenn wir jemanden ansprechen, oder aber, uns souverän zu verabschieden, falls der Angesprochene uns nicht mag, was zwar unwahrscheinlich und unverständlich wäre, aber es ist ja denkbar, dass wir uns den falschen Ansprechpartner ausgesucht haben.

## HÜRDEN UMGEHEN

Falls wir unschlüssig sind, wen wir ansprechen wollen, oder doch noch ein bisschen unsicher sind, empfiehlt es sich in der Regel, sich zunächst einer gemischten Gruppe anzuschließen. Das ist wesentlich unverbindlicher und unpersönlicher, bietet aber die Möglichkeit, ins Gespräch zu kommen und Signale mit den Anderen auszutauschen, woraus sich dann oft ein intensiveres Gespräch mit einem der Teilnehmer entwickelt. Eher ungeschickt ist es für den Anfang, sich als Dritter an einem Zweiergespräch beteiligen zu wollen. Bei Veranstaltungen kann es auch ratsam sein, eine Einzelperson anzusprechen, die vermutlich ebenfalls einen Gesprächspartner sucht, was wir durch Beobachtung und Blickkontakt meist schnell erkennen.

Es gibt mehrere Wege, den Misserfolg herbeizuführen. Einer davon ist es, Unsicherheit und Angst auszustrahlen.

Jeder spürt oder „riecht" das, und wird sich schnellstmöglich aus der Affäre ziehen. Wir wissen jetzt, wie wir diese Unsicherheit in uns überwinden können. Sehr viel tückischer ist der unbewusste Versuch, uns Scheitern zu lassen, indem wir die falschen Gesprächspartner aussuchen. Introvertierte neigen zum Beispiel dazu, sich ebenso introvertierte und zurückhaltende Gesprächspartner zu suchen, was zwar gut zueinander passen kann, aber die Gefahr birgt, dass das Gespräch nach den ersten paar Worten in Schweigen versinkt. Schüchterne Charaktere suchen sich gerne einen dominanten und selbstbewussten Gesprächspartner, der die Gesprächsführung übernimmt und dem Schüchternen damit die Aufgabe abnimmt, etwas zum weiteren Gespräch beizutragen. Das mag zwar für den Einstieg in Smalltalk hilfreich sein, aber kaum für die weitere Entwicklung seiner Kommunikationsstärke.

Letztlich sollten wir uns also bewusst machen, wer und was wir sind, dann wird es uns auch wenig ausmachen, wenn wir tatsächlich einmal den Falschen ansprechen. Wir sollten es vor allem tun. So oft wie möglich die Zeit nutzen, jemanden anzusprechen, und sei es „nur" für ein freundliches Hallo oder eine kurze Auskunft. Je mehr wir es tun, desto einfacher wird es. Und wir lernen mit der Zeit, in welchen Situationen wir eine Abfuhr bekommen und lernen, dies zu vermeiden.

Keinesfalls sollten wir die Ängste vergessen, die wir am Anfang hatten, denn sie helfen uns, zu verstehen, wie es anderen dabei geht. Bekommen wir eine kurz angebundene oder unentschiedene Antwort auf unseren Einstieg, so kann das ein Zeichen der Angst des Gegenübers sein. Wir sollten das also nicht voreilig als Ablehnung verstehen. Vielleicht braucht es eine Aufmunterung, ein Anschubsen.

Erinnern wir uns an die Grundpfeiler: wir mögen die Person, die wir ansprechen, und wir möchten ihr etwas Positives geben. Auch wenn das Gespräch nur sehr kurz werden sollte, wollen wir soviel Sympathie und Freundschaft vermitteln, wie wir können. Sie werden sehr selten Menschen begegnen, die dies nicht in irgendeiner Form erwidern oder zumindest wertschätzen. So oder so gewinnen Sie dadurch, dass Sie die andere Person ansprechen.

# KAPITEL 11

## ANGESPROCHEN WERDEN

Sie werden sich vielleicht im ersten Moment fragen, warum wir dieses Thema behandeln sollen, denn dabei sind Sie ja passiv und haben keinen Einfluss darauf, ob Sie von Jemandem angesprochen werden oder nicht. Das ist aber keinesfalls unabhängig von Ihnen, denn dem Ansprechen geht vieles voraus, was von beiden Seiten kommt.

Wie Sie einen positiven ersten Eindruck machen, lange bevor es zu einem Wort kommt, haben wir im ersten Abschnitt behandelt.

### INTERESSANT WERDEN

Allein aufgrund dieses Ersteindrucks entwickelt die andere Person Interesse, mit Ihnen in Kontakt zu treten. Die Körperhaltung spielt dabei eine entscheidende Rolle. Hinzu kommt dann in der Regel der Blickkontakt, ein Lächeln, ein Heben der Augenbraue, das Verlagern der Schulter oder ein leichtes Schräglegen des Kopfs. Das haben Sie in der letzten Übung bei sich selbst beobachtet und wissen nun instinktiv, wie Sie die Körpersprache des Gegenübers deuten und erwidern, um Interesse oder Distanz zu übermitteln. Dieses Spiel von Mimik, Gestik und Körperhaltung allein stellt schon eine wertvolle Begegnung dar, und manchmal wird es einfach bei diesem wertvollen, aber bis dahin wortlosen Kontakt bleiben. Für uns geht es aber um den Smalltalk und daher um die Fortsetzung dieses Wechselspiels mithilfe von

Worten. Entscheidend an diesem Punkt ist es, aufeinander zu zu gehen, also den richtigen Abstand zum Dialog herzustellen. Testen und beobachten Sie bei Ihren Kontaktaufnahmen, aber auch während der Gespräche, welche wichtige Rolle der körperliche Abstand spielt. Wenn wir unser Gegenüber erst seit ein paar Minuten kennen, sollten wir einen sogenannten Höflichkeitsabstand einhalten. Dieser beträgt bei Menschen, die sich nicht kennen, rund einen Meter. Nehmen wir einen kürzeren Abstand zur Gesprächsperson ein, kann dies unangenehm sein und aufdringlich wirken. Nach diesem „Vorspiel" sind wir jetzt soweit, die ersten Worte zu wechseln, in der Regel erst einmal zu grüßen.

Wie schon vorher betont, wird hier wiederum deutlich, dass die Worte gar keine so wesentliche Rolle spielen. Da Sie sich jetzt gegenüberstehen, ist es gar nicht so erheblich, wer nun das erste Wort spricht, wer das erste Thema anschneidet.

# KAPITEL 12

## DER GESRPÄCHSEINSTIEG

Wir sind jetzt schon so weit vorgedrungen, dass wir uns grüßen und sind bereit, ein Gespräch zu beginnen. Wir brauchen ein geeignetes Thema und eine passende Formulierung für den Einstieg.

Dazu erst noch ein paar Vorüberlegungen, denn mit dem Beginn des Gesprächs stellen wir ja Weichen für den weiteren Verlauf.

### EINFACH ANFANGEN

Zunächst einmal vorneweg: Niemand erwartet von Ihnen die perfekte Eröffnung. Es sei denn, Sie machen den Talkmaster bei einer öffentlichen Talkrunde. Und auch da sind die Eröffnungen meist sehr dürftig, wenn wir an die Talkshows im TV denken. Machen Sie sich also nicht allzu viel Kopfzerbrechen darüber und vor allem: blockieren Sie sich nicht selbst mit langem Hin und Her, was und wie Sie es jetzt sagen sollten. Sie sollen gar nichts. Sprechen Sie über das, was Sie gerade beschäftigt, was Sie interessiert. Es gibt kein Richtig oder Falsch, solange wir uns im angemessenen Rahmen bewegen.

Und dieser Rahmen, wir erinnern uns, ist vor allem anderen die Unverbindlichkeit. Wir wollen nicht gleich zum Einstieg zu persönlich werden, vor allem nicht in irgendeiner Form aufdringlich. Das soll heißen, dass wir das Gegenüber nicht gleich ausforschen wollen, sondern es ihm überlassen, wann und wieviel es von sich erzählen möchte. Andererseits heißt das genauso, dass wir unsere Person und unsere Gefühle nicht in den Mittelpunkt stellen.

Peinlich bis lächerlich sind meist Versuche, das Gespräch mit einem „Knaller“ oder gar mit einem „Gag“ zu starten. Das ist in Ordnung und kommt gut an, wenn es echt und spontan ist, aber es ist verheerend, wenn es einstudiert wirkt.

Dies gilt für alle Eröffnungen, zu welchem Thema auch immer, es ist besser, ehrlich festzustellen, dass man vergessen hat, was man den Gegenüber fragen wollte, als Etwas auswendig Gelerntes herunterzuleiern.

## DAS NAHELIEGENDE AUFGREIFEN

Im Normalfall werden sich die Themen von selbst ergeben, zumal wir uns ja nicht im leeren Raum bewegen. Trotzdem kann es durchaus Sinn machen, gerade in Vorbereitung auf eine Veranstaltung oder ein Treffen, bei dem Sie ausgiebig Gelegenheit zum Smalltalk haben werden, sich Themen im Voraus zu überlegen und zurechtzulegen. Da gibt es eine enorme Vielfalt und Bandbreite, von der konkreten Veranstaltung und Personen, die erwartet werden, von dem, was wir getan und erlebt haben, dem lokalen und regionalen Geschehen, bis zur Fülle dessen, was uns die Medien tagtäglich füttern, um es ein wenig provokant zu formulieren, der aktuell angesagten Diät, dem nächsten Modetrend, der neuesten Volkskrankheit. Wir entscheiden selbst, welchem dieser Themen wir uns widmen wollen. Als

Einstiegsthemen sind auch noch die aktuellen Nachrichten geeignet. Vielleicht nicht gerade die Selbstdarstellungen der Politiker, aber sicher die leider fast ständig aktuellen Naturkatastrophen, Unruhen und Unglücke. Viele dieser Themen werden ohnehin im Laufe der Gespräche zur Sprache kommen, und Sie werden mehr zu sagen haben, wenn Sie sich dazu im Voraus Gedanken gemacht haben.

Der Gesprächsstarter sollte allgemein genug gehalten werden, dass jeder darauf einsteigen kann, also ein Thema, zu dem jeder etwas sagen kann, jedoch ohne dass allzu große Meinungsverschiedenheiten zu erwarten wären oder eventuelle Empfindlichkeiten berührt würden. Geld, Gesundheit, Schönheit und Beziehungen sind solche Themen, die unbewusst einen wunden Punkt treffen könnten und sich daher als Eröffnung verbieten.

## DAS WETTER

Nicht umsonst ist das Wetter sprichwörtlich gewordenes Lieblingsthema des Smalltalks, und es ist auch kaum etwas dagegen einzuwenden, zumal sich bei diesem Thema verschiedene Brücken, zur passenden Kleidung, zu Unternehmungen, zur Jahreszeit oder auch zu anderen Orten anbieten. Ähnlich universell sind an sich nur die Zeit (Uhrzeit oder Datum), der Ort (die Stadt) oder der Anlass des Treffens, falls es eine Veranstaltung oder Ähnliches ist. Die erste Bemerkung muss nicht besonders geistreich, witzig, oder originell sein, was zählt, ist das ernsthafte Interesse am Gegenüber.

Veranstaltungen und andere Gelegenheiten zum Smalltalk

gibt es natürlich unzählige, und vermutlich ebenso viele passende oder unpassende Gelegenheiten für ein Einstiegsthema. Hier liegt der große Vorteil darin, sich mögliche Themen im Voraus zu überlegen. Stellen Sie sich vor, jemand kommt direkt mit dem Thema auf Sie zu; wie würden Sie reagieren? Würden Sie es begrüßen, wenn jemand gleich zum Einstieg mit der Frage auf Sie zukommt, wo Sie die Schuhe gekauft haben, oder mit einem Kompliment zu Ihrer flotten Frisur. Wenn es Sie in Verlegenheit bringen könnte, wird es anderen vermutlich ähnlich ergehen.

# KAPITEL 13

## EIN POSITIVES GESPRÄCH FÜHREN

Gleich nach dem Einstieg ins Gespräch erinnern wir uns wieder an die Grundpfeiler des guten Smalltalk, die Sympathie für den Gegenüber, den Wunsch, ihm etwas zu geben, und die Kunst, zuzuhören.

Wir hören, wie der Gesprächspartner zum Einstiegsthema steht, ob es ihn anspricht, oder ob er lieber über etwas anderes sprechen möchte. Vielleicht bringt er ja gleich von sich aus ein neues Thema ein. Dann werden wir darauf eingehen. Falls es uns nicht anspricht, leiten wir zum nächsten Thema über und gehen auf diese Art wechselseitig verschiedenste Themenbereiche durch, bis wir ein gemeinsames Interessensgebiet finden, über das wir uns eingehender unterhalten. Gemeinsamkeiten wirken immer verbindend.

### LOCKER UNTERHALTEN

Wir bemühen uns um einen lockeren, ausgeglichenen Gesprächsfluss, ohne Hektik und Ungeduld, aber auch nicht gelangweilt oder uninteressiert. Auch eine Pause im Gesprächsfluss ist ganz in Ordnung, zumal wenn ein Themenbereich vorerst zu einem Abschluss gefunden hat. Wir setzen jedoch nach, bevor die Pause beginnt, unangenehm oder unnatürlich zu wirken. Aktives Zuhören bedeutet eben auch, einen Gesprächsstrang weiter zu verfolgen, oder wieder aufzugreifen, bevor er erschöpft ist.

Ermuntern Sie Ihren Gesprächspartner, seine Themen weiter zu führen, denn dadurch lernen Sie über ihn, über seine Interessen, seine Art, Dinge wahrzunehmen, zu fühlen und zu denken. Ihr wichtigstes Thema ist der Gesprächspartner, und Sie sollten dankbar annehmen, was der Gesprächspartner bereit ist, Ihnen von sich mitzuteilen und zu geben, immer wieder im Wechsel mit dem, was Sie von sich mitteilen.

Doch wir werden selten so schnell in so persönliche Bereiche vordringen, in der Regel wird sich der Smalltalk auf allgemeine Themen beschränken, und das ist ja durchaus im Sinne sozialen Miteinanders, um das es vor allem geht. Kommen wir wieder zurück zum Gesprächsfluss und zu ein paar grundlegenden Gesprächstechniken, ihn in Bewegung zu halten.

## ZUHÖREN

Wir haben bereits betont, wie wichtig aktives Zuhören ist und eben deswegen führen wir hier noch einmal aus, wie wir das Gespräch beleben und lenken, wenn der andere spricht. Dazu gehören die Gesten, die unser Einverständnis und unsere Bestätigung signalisieren, die Gesten und Mimik des Zweifelns und Relativierens, die Signale, dass wir etwas nicht wissen, nicht so ganz verstanden haben oder auch gar nicht so genau wissen wollen. Beobachten Sie bei Gelegenheit, wie sich andere Personen unterhalten und zwar aus einer Entfernung, aus der Sie deren Worte nicht mehr verstehen können. Beobachten Sie die Gestik und Mimik, die das Gespräch am Laufen halten, intensivieren, oder aber bremsen und auch stoppen.

Kommen wir zu den Zwischenfragen und Zwischenbemerkungen, die ebenso unabdingbar zur lebendigen Unterhaltung gehören. Sie begleiten den Gesprächsstrang, drücken unsere Anteilnahme und unser Interesse aus, auch wenn sie nur rhetorisch sind, das heißt, keine inhaltliche Funktion haben.

## REDEKUNST

Fragen sollten Sie grundsätzlich so stellen, dass Sie die Möglichkeit für eine Aussage oder Erklärung offenlassen, und nicht einfach nur mit Ja oder Nein beantwortet werden. Wir sollten also beispielsweise fragen, wie die Fahrt war, und nicht, ob die Fahrt gut war. Das ist ein feiner Unterschied, den wir beherzigen und uns angewöhnen sollten.

Die Frage, ob die Fahrt gut war, wird eventuell einfach mit Ja beantwortet und lässt uns damit keinen weiteren Punkt, um einzuhaken und nachzufragen, was heißt, dass wir ein neues Thema und eine neue Frage suchen müssen, oder von unserer eigenen Anfahrt berichten.

Die offene Frage, wie die Fahrt war, lässt dagegen eine ganze Bandbreite von gut, lang, schön, langweilig, anstrengend und so weiter zu. Auf diese können wir dann weiter eingehen.

Besser noch als eine offene Frage ist allerdings eine Aussage, also zum Beispiel: Ihre Fahrt hierher war sicher schön, bei dem warmen Wetter. Dieses Statement lässt nicht nur die ganze Bandbreite wie oben zu, sie lenkt auch gleichzeitig in eine bestimmte Richtung und ermuntert damit den Gesprächspartner, das wie und warum ausführlicher darzulegen. Mit diesen Zwischenbemerkungen vermeiden Sie auch die Gefahr, dass der Gegenüber das Gefühl bekommt, Sie würden Ihn ausfragen, was natürlich einen sehr unangenehmen Eindruck macht. Eine suggestive Feststellung wie die der schönen Fahrt vermeidet diesen Eindruck, obwohl sie letzten Endes genauso zu einer Aussage oder Stellungnahme auffordert.

Der Unterschied zwischen Fragen und Statement mag etwas subtil und spitzfindig erscheinen, aber wenn Sie darauf achten und beginnen, sich die Technik anzugewöhnen, werden Sie den Unterschied deutlich spüren.

Eine weitere wichtige und nützliche Technik ist es, die Bemerkungen und Wortwahl ihres Gesprächspartners wieder aufzugreifen. Auch wenn es nur Randbemerkungen waren, zeigt gerade dies Ihr Interesse an dem, was der Andere mitteilt, und die wiederholende Wortwahl schafft wiederum eine Art Gemeinsamkeit in der Sicht der Dinge. Das sollte selbstverständlich gut dosiert eingesetzt werden, um nicht den Eindruck eines einfallslosen Papageis zu machen, oder gar die Idee, man mache sich über die Ausdrucksweise des Anderen lustig.

## EMPATHIE

Ein weiteres wichtiges Element ist es, Bestätigung, Lob und Anerkennung dafür auszudrücken, was der andere tut oder getan hat, insbesondere auch, wenn er Ihnen persönliche Dinge anvertraut. Jede Form von entgegengebrachtem

Vertrauen verdient eine Anerkennung und den Dank dafür. Und das sollten Sie durchaus auch einmal in Worte fassen. Damit geben Sie dem Gesprächspartner ein positives Feedback und einen Mehrwert.

Damit kommen wir zur inhaltlichen Ebene und somit zu einem der wohl schwierigsten Komplexe in der zwischenmenschlichen Kommunikation:

## RECHT GEBEN UND RECHT HABEN

Das ist schon in der Partnerschaft und in familiären Beziehungen einer der großen Knackpunkte. Wenn wir eine Skala der unbeliebtesten Smalltalk-Partner aufstellen, rangieren die Rechthaber und Besserwisser ganz oben, zusammen mit den Angebern. Die sogenannten Langweiler kommen erst viel später. Natürlich stört es niemanden, wenn Sie Recht haben oder etwas wissen, aber was stört, ist der Anspruch, die einzig richtige Ansicht zu vertreten, und vor allem das Beharren darauf, diese allen anderen vermitteln und beweisen zu wollen. Der Smalltalk ist nicht die Basis eines Gesprächs, in dem wir Standpunkte oder Thesen mit Argumenten rechtfertigen und Gegenthesen aufstellen oder diese widerlegen. Das mag zwar spielerisch geschehen, aber sicher nicht mit dem Anspruch einer fundierten und erschöpfenden Diskussion eines Streitpunkts. Verschiedene Standpunkte und Sichtweisen zu einem Thema wirken belebend auf die Unterhaltung und bringen allen Beteiligten eine erweiterte Sichtweise. Deshalb ist es immer als positiver Beitrag zum Gespräch zu werten, wenn jemand eine alternative Sichtweise auf ein Thema einbringt.

Falls Sie derjenige sind, der diese Sichtweise aufzeigt, sollten Sie klarstellen, dass diese ergänzend und keinesfalls als Kritik der vorherigen Sichtweise zu werten ist. Sollte jemand anders eine konträre Sichtweise zu Ihrer einbringen, dann seien Sie dankbar für den Zugewinn, den Sie dadurch haben und für die belebende Wirkung auf die Unterhaltung. Formulieren Sie diesen Dank auch. Sicher ist es wichtig und interessant, Beiträge unter verschiedensten Sichtweisen und mit Argumenten und Gegenargumenten zu beleuchten und wenn die anderen Gesprächsteilnehmer sich ebenfalls interessiert zeigen, können Sie das Thema auch weiter verfolgen. Es sollte jedoch auf jeden Fall vermieden werden, die eigene Sichtweise als alleingültig, überlegen oder sonst wie besser, als die anderen darzustellen und die anderen davon überzeugen zu wollen.

## LERNEN STATT LEHREN

Im Einzelfall mag es angehen, jemanden über ein Thema zu belehren, wenn wir eindeutig den Status des erfahreneren Experten auf diesem Gebiet haben und der andere es akzeptiert, oder uns sogar darum gefragt hat. Das ist aber auf den Einzelfall beschränkt. Selbst wenn wir davon überzeugt sind, bei verschiedenen Themen mehr zu wissen als der Gesprächspartner, dürfen wir ihn das nicht so spüren lassen, dass er sich in irgendeiner Form herabgesetzt fühlt. Smalltalk- Partner, die sich als „Oberlehrer" gebärden und die anderen Gesprächsteilnehmer wiederholt korrigieren und belehren, stehen meist bald alleine da oder müssen die Unterhaltung allein bestreiten.

Umgekehrt kommt es uns nur zugute, wenn wir andere um

deren Meinung und Standpunkt fragen, und wir sollten uns auch keineswegs scheuen, zuzugeben, dass wir uns in einem Bereich nicht auskennen oder etwas nicht verstehen, und die Partner darum zu fragen, dass sie es uns erklären. Dadurch lernen wir und der andere fühlt sich als Experte geschätzt.

Bei all den Standpunkten, Argumenten und Erklärungen sollten wir nicht vergessen, dass es hier nicht um ein Fachgespräch, sondern um Unterhaltung geht. Versuchen Sie, die Themen und das Gespräch aufzulockern und den Weg zu anderen Themen zumindest offen zu halten.

Soviel also zum Recht haben: Sie können soviel Recht haben, wie Sie glauben, aber behalten Sie es für sich. Niemand versucht, es Ihnen streitig zu machen, also sollten auch Sie nicht versuchen, andere von Ihrem Recht zu überzeugen.

Entsprechend verhält es sich damit, anderen Recht zu geben. Hier gilt ganz genauso: Sie versuchen nicht, dem anderen sein Recht abzusprechen, daher gibt es auch keinen Grund, warum Sie ihm Recht geben müssten, es sei denn, dass er Sie wirklich überzeugt hat. Jemandem „um des Friedens willen“ oder aus Rücksicht Recht zu geben, wäre nicht ehrlich und würde daher auch ohnehin seinen Zweck verfehlen, da der Gesprächspartner dies bewusst oder unbewusst spürt und sich betrogen fühlt.

## UM RAT UND MEINUNG FRAGEN

Praktisch immer willkommen ist es, wenn Sie andere um ihre Meinung zu einem Thema fragen, gerade beim Gespräch in einer Gruppe bietet das die Möglichkeit, die weniger lebhaften Teilnehmer ins Gespräch zu bringen und die Polarität zwischen der Meinung zweier Redner zu relativieren. Jeder schätzt es, um seine Meinung gefragt zu werden, selbst wenn man dann, zumal als Anfänger im Smalltalk, vor das Problem gestellt wird, ob die eigene Meinung so angebracht ist und niemandem unangenehm aufstößt.

Noch geschickter, als jemanden um seine Meinung zu fragen, ist es, ihn um Rat oder, noch besser, um Hilfe zu fragen. Wenn Sie jemanden um Rat fragen, bedeutet das, dass Sie ihm Erfahrung und Fachkenntnis in diesem Bereich zutrauen und gerne von ihm lernen würden. Wer würde sich da nicht geschmeichelt fühlen und seine Kenntnisse gerne weitergeben.

Noch besser ist es in diesem Zusammenhang, den Gesprächspartner um Hilfe zu fragen. Das ist noch einmal eine Steigerung, dem Partner die Fähigkeit zuzutrauen, einem helfen zu können, und damit auch das Vertrauen in ihn zu setzen. Der Gesprächspartner wird voraussichtlich gerne darauf eingehen und ihnen auch weiterhelfen. Verständlicherweise sollten Sie ihn nicht gleich um einen besseren Job oder lukrative Aufträge fragen, selbst wenn er die Möglichkeiten dazu haben sollte. Aber vielleicht hilft er Ihnen gerne, einen Dritten kennenzulernen, den Sie bislang nicht erreichen konnten, oder er erklärt Ihnen, wie er es schafft, so souverän zu wirken, oder, eine vergleichsweise banale Geschichte so packend zu erzählen.

## KOMPLIMENTE MACHEN GLÜCKLICH

Sie haben es sicher bemerkt, dass wir hier ganz nebenbei noch dicke Komplimente eingestreut haben. Nicht nur, dass wir anerkennend bemerken, die Geschichte sei gut erzählt, sondern sie wurde so gut vorgetragen, dass wir von ihm lernen möchten, wie das geht. Komplimente sind das Salz im Eintopf des Smalltalks, oder das Sahnehäubchen auf der Schokolade. Gekonnte Komplimente sind aus dem Moment geboren und klingen nicht auswendig gelernt. Sie sind das direkte Ergebnis dessen, wie sehr Sie sich die Grundpfeiler des Smalltalk zu Herzen genommen haben, Ihrer Sympathie für den Gesprächspartner, Ihrem Wunsch, dem Gesprächspartner etwas zu geben, Ihrem aktiven Zuhören.

Wie bereits bei den Grundlagen ausgeführt, sollten wir auf anzügliche Themen verzichten. Selbst bei Partys überlegen Sie sich besser, ob es angebracht ist, vom Smalltalk in Richtung Flirt zu gehen, und wenn, dann wäre es sicher besser, zunächst die non-verbale Körpersprache dafür zu nutzen. Auch Komplimente zu Gewicht oder Alter sind sehr gewagt, da sie leicht neuralgische Punkte der Gesprächspartner berühren, von denen wir nichts ahnen. Selbst Personen mit Idealgewicht können sich zu dick oder zu dünn fühlen, sodass unser vermeintliches Kompliment schnell zu einem ungewollten Seitenhieb wird. Komplimente zur Kleidung und zum sonstigen Outfit sind sicherlich willkommen, wenn Sie sehen, dass hierauf besondere Sorgfalt verwendet wurde und das Outfit bewusst und mit Überzeugung getragen wird. Eher neutrale oder förmliche Kleidung ist möglicherweise ein Zeichen, dass wenig Sorgfalt und Aufmerksamkeit darauf verwendet wurde, oder aber, dass sie den Kompromiss nach längerem Hin und Her darstellt, was man denn anziehen solle. In beiden Fällen also ein potentiell missverständliches oder unwillkommenes Kompliment.

## INNERE WERTE ERKENNEN

Wesentlich unkomplizierter und weniger gefährlich sind Komplimente zum Verhalten, zu der Art und Weise, etwas auszudrücken beispielsweise, oder zur Empathie oder Beobachtungsgabe, die der Partner an den Tag legt. Und selbstverständlich zu dem, was der Gesprächspartner von sich erzählt, was er getan hat oder vorhat zu tun, welche Charakterzüge er offenbart oder Begabungen erkennen lässt. Das zeigt Ihre Wertschätzung über das Äußere hinaus, für die Person an sich. Solche Komplimente belegen die Sympathie und Herzlichkeit, die Sie für den Gesprächspartner haben. Es bietet sich auch immer wieder im Verlauf des Gesprächs an, vergleichende Komplimente zu machen, also zum Beispiel, dass der Gegenüber cleverer, schlagfertiger oder einfühlsamer als Sie sei, und daher Dinge bewältige, von denen Sie nur träumen können.

## EHRLICH BLEIBEN

Ehrlichkeit ist eines der Erfolgsrezepte derjenigen, die sich professionell und erfolgreich mit Smalltalk beschäftigen. Seien Sie Sie selbst, soweit es die Situation zulässt. Die

Smalltalk-Partner schätzen ehrliche und authentische Kommentare und Gefühlsäußerungen, auch wenn diese manchmal ein bisschen anecken. Ein Gesprächspartner, der durchgehend aalglatt in das von ihm erwartete Schema passt, wirkt nicht nur langweilig, sondern auch falsch. Insofern sind die oben angeführten Tipps auch nicht als eiserne Regeln zu verstehen, die Sie zu 100% einhalten müssen. Gerade die spontanen Reaktionen machen die Lebendigkeit der Unterhaltung aus. Wenn Sie vor jedem Kommentar erst im Geiste all die Tipps durchgehen, was Sie am Besten wie mitteilen, werden Sie zwar nichts falsch machen, aber Sie werden auch kaum in einen Gesprächsfluss kommen, und Sie werden an Authentizität und Glaubwürdigkeit verlieren. Die Tipps sind insofern eher als Anregungen zu verstehen, die Sie sich vor einem Smalltalk bewusst machen, oder auch, mit deren Hilfe Sie im Nachhinein die geführten Gespräche analysieren, was von Vorteil war und was weniger geschickt, was wir beim nächsten Mal vielleicht besser machen können. Übung ist einer der besten Lehrer, daher sollten Sie üben, so oft es geht, und das ist fast überall möglich, wo Sie Menschen begegnen, auf der Straße, beim Einkauf, bei der Arbeit, beim Sport, und auch zuhause, wenn Sie nicht allein leben. Üben und analysieren Sie, fragen Sie nach, wie Ihre Gesprächspartner dies oder jenes wahrnehmen.

Behalten Sie diese wichtigen Grundeinstellungen immer im Blick: Authentisch sein, die Gefühle, Empfindlichkeiten, Überzeugungen und Interessen des Gegenüber respektieren, den Gesprächspartner mögen, ihm einen Mehrwert, ein gutes Gefühl geben wollen, und, ihm aufmerksam zuzuhören.

# KAPITEL 14

## KÖRPERSPRACHE

Wir haben bereits in den vorhergehenden Abschnitten immer wieder die Körpersprache angesprochen und mit einbezogen, Sie haben schon zum Einstieg erste Übungen vor dem Spiegel respektive der Kamera gemacht, um Ihre eigene Körpersprache überhaupt erst einmal kennenzulernen. Das ist für den Einstieg in den Smalltalk unbedingt wichtig, und Sie sollten nicht darauf verzichten, auch wenn es ein bisschen Überwindung kosten sollte, sich vor den Spiegel zu stellen. Nachdem Sie inzwischen Ihr Training, auch in Live-Gesprächen in Ihrem Alltag, aufgenommen haben und Ihre Aufmerksamkeit dahingehend trainieren, den Verlauf der Gespräche, die Reaktionen der Angesprochenen auf Ihre Beiträge, die Mimik und Gestik zu beobachten, möchten wir noch einen Schritt weitergehen in der Analyse der Körpersprache.

## SELBSTBEOBACHTUNG

Stellen Sie sich verschiedene Situationen vor, in der Sie den Gegenüber anlächeln. Unter Umständen hilft es Ihnen dabei, eine Sendung oder ein Video laufen zu lassen, in der verschiedene solcher Situationen vorkommen. Beobachten Sie Ihr eigenes Lächeln, nicht nur den Mund, sondern auch die Kopfhaltung, die Augen, die Fältchen um die Augen und Mundwinkel, die Augenbrauen, die Stirn. All das miteinander bildet ein Ensemble, das dem Lächeln seinen speziellen Ausdruck verleiht.

# ECHTES LÄCHELN

Das Lächeln gehört mit Sicherheit zu den vielfältigsten zwischenmenschlichen Signalen, die wir uns vorstellen können. Denken wir an das wohl berühmteste Gemälde der Welt, das Porträt der Mona Lisa, dann verdankt dies vor allem einem seine Berühmtheit: dem rätselhaften Lächeln der Mona Lisa. Generationen von Kunstliebhabern haben versucht, dieses hintergründige Lächeln zu ergründen, oder auch nur zu beschreiben. Wir empfinden es als freundlich, sogar wohlwollend, aber auch ein ganz kleines bisschen verkrampft, mit einem Vorbehalt, als ob sie fürchte, uns zu viel Entgegenkommen zu zeigen, zu viel Hoffnung zu machen. Nur wenig Freude spiegelt sich in diesem Lächeln, die Augen sind eher melancholisch und ernst. All dies sagt uns das zu einem Bild gefrorene Lächeln dieser Dame. Beobachten wir im Gegensatz dazu das Lächeln eines Nachrichtensprechers. Schalten wir einmal den Ton ab, um uns auf den Gesichtsausdruck zu konzentrieren, dann wird uns schnell klar, dass dies ein aufgesetztes Lächeln ist, ein Lächeln, das nur ganz allgemein Freundlichkeit und Verbundenheit zeigen soll. Der Nachrichtensprecher sieht uns ja auch nicht. Je nach Nachricht, die er abliest, wird sich das Lächeln auch verändern. Es kann belustigt oder bewundernd wirken, wird aber meist eher bedauernd, ironisch oder gar abfällig sein.

Hier sei noch eine kleine Seitenbemerkung zur Ironie gestattet. Eine ironische Bemerkung bringt etwas Humor und Leben in die Unterhaltung, muss aber vorsichtig eingesetzt werden. Manche Menschen haben keinen Zugang zur Ironie und verstehen sie schlichtweg nicht. Das können wir erst austesten, um im Fall dann auf weitere Bemerkungen zu verzichten. Andererseits kann die Ironie leicht in die Richtung gehen, ein Thema nicht gebührend ernst zu nehmen, oder gar, sich über einen Gesprächsteilnehmer lustig machen zu wollen. Also Vorsicht.

Lassen wir den Nachrichtensprecher, bevor er noch ins spöttische oder gar sarkastische Lächeln wechselt, Lächeln kommt vom Herzen und geht zum Herzen des Gesprächspartners, es vermittelt unsere Sympathie und Empathie, es lädt daher dazu ein, auf uns zu zu gehen, uns zu vertrauen. Natürlich sollten wir gut darauf achten, wie wir das einsetzen, denn manche Smalltalk –Partner verstehen ein einladendes, herzliches Lächeln als Aufforderung, Ihnen ihr ganzes Leben zu erzählen. Ein eher distanziertes, aber noch freundliches Lächeln verstehen diese dann allerdings nicht als Signal, damit wieder aufzuhören. Im Gespräch werden wir all diese Varianten aufnehmen und darauf reagieren, eine beobachtende Analyse währenddessen wäre aber kaum denkbar, ohne den Gesprächsteilnehmer zu verwirren. Daher werden Sie immer wieder zu Kamera oder Spiegel zurückkehren, um den Facettenreichtum ihrer Mimik auszuprobieren und sich automatisch anzueignen.

## SPIEGEL DER SEELE

So wie das Lächeln der Spiegel Ihres Herzens ist, spiegeln die Augen Ihre Gedanken und Ihre Aufmerksamkeit wieder. Erinnern Sie sich daran, wie es ist, jemandem tief und lange in die Augen zu schauen. Erinnern Sie sich an Situationen, in denen Sie sich behaupten mussten, und wie es dabei darum ging, wer zuerst den Blick senkt. Die Aufmerksamkeit, die sich im Angeblicktwerden zeigt, ist nicht nur Interesse und Aufforderung, sie kann auch zur Herausforderung werden.

Viele Menschen lieben es, den Blick aller auf sich zu lenken, und sie erwarten diese Aufmerksamkeit auch von ihnen. Andere fühlen sich eher von Blicken durchbohrt und werden nervös, wenn sie die Augen aller auf sich spüren. Ihr Blick verrät ebenfalls vieles über Ihren Gemütszustand. Ein ruhiger, stetiger Blick zeigt Gelassenheit und Ausgeglichenheit, während schnelles Hin- und Herblicken ein Zeichen von Unruhe, Ungeduld oder Nervosität sind. Schnell wegzuschauen, wenn jemand einen anschaut, ist ein Zeichen von Unsicherheit oder gar Abneigung, was wir ja wohl beides vermeiden wollen. So verrät ihr Blick, wie Sie sich gerade fühlen. Wir können einen Gesprächspartner hilfesuchend anschauen oder abweisend, wir können fragend blicken oder auffordernd, zweifelnd oder bewundernd.

## SEHEN SIE HIN

Aber nicht nur der Ausdruck in den Augen birgt viel Informationen, sondern ebenso die Richtung. In einer Gesprächsrunde zeigen Sie ihr Interesse an einer Person, indem Sie ihr öfter einen Blick zuwerfen als den anderen. Damit können sie die Person auch dazu anspornen, sich mit einem Beitrag am Gespräch zu beteiligen, oder dazu, Stellung zu einem Thema zu nehmen.

## DEN BLICK SCHWEIFEN LASSEN

Ein Blick an die Decke drückt eher so etwas wie Langeweile aus, zum Beispiel bei einem immer wiederkehrenden Thema, oder wenn ein Gesprächsteilnehmer eine längst bekannte Geschichte erzählt oder etwas erklärt, was wir schon wissen. Dieser Blick ist also nicht sehr wertschätzend und nicht sehr höflich und wir sollten ihn vermeiden. Entsprechend gilt das natürlich dafür, mit den Augen zu rollen. Dies spricht nur dafür, dass Sie wenig Respekt für die andere Person haben. Ein Blick nach unten auf de Boden dagegen ist eher ein Zeichen der Bescheidenheit, der Unsicherheit oder auch des Verbergens, was man gerade denkt und beabsichtigt. Nachdenklichkeit liegt eher in einem leicht gesenkten Blick, meist auf einen Gegenstand in der Umgebung. Achten Sie bei diesem Blick darauf, ihn nicht länger oder immer wieder auf das Gegenüber zu richten, auf sein Hemd beispielsweise oder gar auf ihr Dekolletee. Das könnte zu Verwirrungen führen. Ein Blick in die Ferne wirkt ebenfalls als Zeichen des Überlegens oder des Versuchs, sich zu erinnern, birgt aber die Gefahr, dass er missverstanden wird als Andeutung, man wäre lieber in der Ferne als in diesem Gespräch. Besonders bei Gelegenheiten, bei denen viele Personen anwesend sind und sich mehrere Gesprächsrunden bilden, entsteht schnell der Eindruck, man wäre an den Personen in einer anderen Smalltalk-Runde mehr interessiert als an der derzeitigen.

Das mag natürlich sein, aber dann sollten Sie sich auch ehrlicherweise aus dem Gespräch verabschieden und die andere Gruppe aufsuchen. Ebenso vermeiden wir den Eindruck, andere Personen in der Umgebung zu beobachten oder zu mustern, wenn diese nicht Gegenstand des Gesprächs sind. Umso mehr gilt das innerhalb der

Gesprächsrunde selbst als selbstverständlich, wir hatten ja schon auf die Reizthemen Figur und Outfit hingewiesen. Unser Blick wird also nie zu lange und zu starr auf etwas oder auf jemanden starr fixiert sein, er wird wandern und in der Geschwindigkeit und Stetigkeit Unruhe oder Ruhe signalisieren. Wenn wir dem Gegenüber in die Augen blicken, dann müssen wir uns auch auf ihn und unser Verhältnis zu ihm konzentrieren. Wenn Sie Ihrem Gesprächspartner in die Augen sehen, und dabei darüber nachdenken, ob Sie die Haustür abgeschlossen haben, als Sie gegangen sind, wird dieser sich zumindest ausgesperrt vorkommen, da er natürlich Ihre Mimik nicht verstehen kann. Aufmerksamkeit und Zuneigung für das Gegenüber, diese Grundlagen des Smalltalks kehren immer wieder.

## GESICHT STATT MASKE

Die Mimik beschränkt sich natürlich nicht nur auf Augen und Mund, der Gesamtausdruck setzt sich aus einer Vielzahl von Faktoren zusammen. Daher raten wir auch davon ab, bestimmte Gesichtsausdrücke einzustudieren, um „ein gutes Gesicht zu machen“. Dies muss zwangsläufig unecht wirken, da wir nie alle am Gesichtsausdruck beteiligten Gesichtsmuskeln bewusst soweit kontrollieren könnten. Unsere Übungen vor Spiegel und Kamera dienen uns dazu, uns selbst zu beobachten, zu sehen, was die anderen sehen, wenn wir ein „Gesicht machen“, und unbewusst zu lernen, wie wir uns durch die Mimik mitteilen können. Denn überzeugend durch unseren Gesichtsausdruck vermitteln können wir immer nur das, was wir tatsächlich in uns denken und fühlen. Wenn wir im Spiegel entdecken, dass wir beim Nachdenken beispielsweise abschreckende

Grimassen machen, werden wir lernen, diese durch andere zu ersetzen.

## ZUZWINKERN

Ein Augenzwinkern beispielsweise signalisiert so etwas wie Zustimmung, oder auch eine Art Verbrüderung, sogar gemeinsame Verschwörung mit dem, den wir anzwinkern, je nach Situation. Ein zu langes und zu verkrampftes Augenzwinkern wirkt eher künstlich oder möglicherweise wie ein Zukneifen des Auges, was wiederum eher Skepsis oder gar Ungläubigkeit ausdrückt. Zu oft eingesetzt wirkt es zudem wie eine Masche oder eine nervöse Störung. Ansonsten ist das Augenzwinkern hervorragend geeignet, sich ohne missverständliche Worte mit dem Gesprächspartner solidarisch und einverstanden zu zeigen.

Anders als das Zwinkern mit einem Auge ist es, beide Augenlider für einen Moment zu schließen. Das tun wir natürlich ständig immer wieder ganz kurz, schon um die Augen vor dem Austrocknen zu schützen. Tun wir das eher selten, wirkt unser Blick starr und hart. Zu oft ist wiederum ein Zeichen von Unruhe und Unsicherheit. Ein langsames und deutlich sichtbares Schließen symbolisiert ebenfalls Einverständnis, kann aber eher in Richtung Ergebenheit gehen, denn wir machen uns ja tatsächlich für den Moment wehrlos im Vertrauen in das Gegenüber, wenn wir die Augen schließen.

## AUGENBRAUEN SPRECHEN FÜR SIE

Sehr viel beweglicher und damit auch vielfältiger in der Möglichkeit des Ausdrucks sind die Augenbrauen. Ursprünglich dienen sie ja zum Schutz der Augen, vor den Sonnenstrahlen, aber auch vor möglichen herabfallenden Dingen von oben oder Regen.

## DER CHAMÄLEON-EFFEKT

Es gibt Menschen, die sind uns von der ersten Sekunde an sympathisch und oft können wir noch nicht einmal sagen, woran das liegt. Die einfachste Erklärung für dieses Phänomen ist der Chamäleon-Effekt. Dies ist eine spezielle Spiegeltechnik, bei der wir die Körpersprache unseres gegenüber spiegeln, also übernehmen. Viele Sympathieträger machen dies automatisch. Wenn ihr Gesprächspartner die Beine übereinanderschlägt, machen sie die gleiche Beinbewegung wenige Minuten später auch. Oder sie beginnen plötzlich dieselben Worte wie ihr Gegenüber zu verwenden. Dieser Chamäleon-Effekt tritt ebenfalls bei Paaren oder langjährigen Bekannten auf.

Es gibt einen einfachen Grund, warum wir Personen sympathisch finden, die unsere Körpersprache spiegeln: Sie befriedigen unser Bedürfnis nach Symmetrie und vollkommener Harmonie. Gleichzeitig grenzt es eine Gruppe von der Umgebung ab und erzeugt ein Zusammengehörigkeitsgefühl.

In der Psychologie werden drei verschiedene Stufen des Chamäleon-Effekts unterschieden: Matching, Pacing und Raport. Beim Matching kopieren wir bis zu 50 Prozent der

Körpersprache unseres Gegenübers. Das Pacing ist eine Stufe höher. Dabei kopieren wir Mimik, Gestik und Sprache sowie die Körpersprache nahezu vollständig von unserem Gegenüber. Komplett gespiegelt wird das Verhalten des Gegenübers beim Raport.

Wenn wir das komplette Verhalten unseres Gegenübers spiegeln, kann bei der anderen Person ein unangenehmes Gefühl entstehen, im schlimmsten Falle fühlt sich die Person sogar nachgeäfft und veräppelt. Deshalb sollten wir den Chamäleon-Effekt nur sehr gezielt einsetzen.

Einfache Möglichkeiten sind es, wenn unser Gesprächspartner die Arme verschränkt, ebenfalls die Arme nach ein paar Sekunden Wartezeit zu verschränken oder mit Lächeln zu beginnen, wenn unser Gegenüber ebenfalls lächelt. Auch das Beine-Überschlagen ist eine einfache Möglichkeit, die Sympathie unseres Gesprächspartners zu erhalten. Wenn unser Gegenüber die Beine übereinander schlägt können wir nach einer kurzen Weile des Wartens dieses Verhalten ebenfalls kopieren.

Mit dem Chamäleon-Effekt gewinnen wir viel schneller die Sympathie des Gesprächspartners. Es wird schneller Vertrauen gebildet und vorhandene Distanzen und Vorurteile können Sie so schneller überbrücken und beseitigen.

## KÖRPERSPRACHE DES GESPRÄCHSPARTNERS BEACHTEN

Generell gilt, Sie können keinen erfolgreichen Smalltalk führen, wenn Ihr Gesprächspartner absolut nicht an einem Gespräch interessiert ist. Deshalb ist es wichtig, dass wir zu Beginn und während des Gesprächs auf die Körpersprache unseres Gegenübers achten. Zuerst gilt es herauszufinden, ob die andere Person überhaupt an einem Gespräch mit uns interessiert ist. Wenn jemand sich beim Sitzen zurücklehnt oder sich ganz zur Seite wegdreht, ist dies ein deutliches Zeichen, dass die Person im Moment nicht an einem Gespräch interessiert ist. Da kann unser Smalltalk noch so gut sein, wir werden in diesem Fall kein sinnvolles Gespräch mit der Person bekommen. Weitere Indizien sind ein abschweifender Blick oder kurze abgehackte Antworten. Wenn die Schuhspitzen einer stehenden Person während des Gesprächs nicht zu uns zeigen, sondern zur Seite zeigen, ist dies ein deutliches Zeichen dafür, dass die Person nicht an einem Gespräch interessiert ist und am liebsten das Gespräch verlassen würde.

# KAPITEL 15

## SMALLTALK MIT EINER GRUPPE

Smalltalk mit nur einer Person ist wesentlich einfacher, wie mit einer gesamten Gruppe. Denn bei einer Gruppe konzentriert man sich nicht nur auf eine Person, sondern hat gleich mehrere Gesprächspartner. Bei einer Gruppe ist meist eine größere Hürde vorhanden, ein Gespräch zu beginnen. Aber wenn Sie ein paar Kleinigkeiten beachten, funktioniert selbst der Smalltalk mit einer Gruppe ganz einfach. Auch hierbei gilt, dass Übung den Meister macht. Wählen Sie gezielt eine Gruppe aus, nehmen Sie Ihren Mut zusammen und versuchen Sie es einfach mit dem Smalltalk. Es wird von Mal zu Mal leichter und nach ein paar Versuchen wird es Ihnen einfach fallen auch mit mehr als einer Person ins Gespräch zu kommen und einen Smalltalk zu führen.

### EINE GRUPPE AUSWÄHLEN

Bevor Sie mit dem Smalltalk beginnen können, müssen Sie sich zuerst eine Gruppe aussuchen. Gruppen mit einer ungeraden Anzahl an Personen sind wesentlich einfacher für einen Gesprächseinstieg. Denn bei einer ungeraden Personenanzahl steht mindestens eine Person als Gesprächspartner für Sie zur Verfügung. Neben der Personenanzahl ist auch der richtige Zeitpunkt von Bedeutung. Am leichtesten steigen Sie in ein Gruppengespräch ein, wenn Sie eine Gesprächspause abwarten. Steigt eine neue Person während einer Gesprächspause in ein

Gespräch ein, empfinden wir dies nicht als störend. Manchmal kann es auch eine willkommene Unterbrechung sein. Ist dagegen keine Gesprächspause vorhanden, empfinden wir es als unhöflich, wenn wir von einer fremden Person mitten im Satz unterbrochen werden und reagieren manchmal sogar sehr gereizt. Also warten Sie, bis sich eine geeignete Gesprächspause ergibt.

## IN EIN BESTEHENDES GESPRÄCH EINSTEIGEN

Nachdem Sie sich eine Gruppe ausgesucht haben, gilt es, Mut zu fassen und gekonnt in das Gespräch einzusteigen. Gerade wenn Sie noch nicht so geübt in solchen Situationen sind, sollten Sie sich davor überlegen, was Sie genau sagen wollen. Dabei hilft es immer, wenn Sie davor wissen, worüber sich die Gruppe gerade unterhält. Dann können Sie in das Thema einsteigen: „Entschuldigt, ich habe gehört Ihr unterhaltet Euch über...." oder „Wirklich? Was meinen Sie mit...?" oder „Das ist wirklich eine interessante Idee...".

Meist ist es leichter, bei einer Gruppe eine einzelne Person direkt anzusprechen. So können Sie gezielter ein Gesprächsthema auswählen. Wenn Sie nur eine Person ansprechen, können Sie auch Standard-Einstiegssätze sagen, ohne vorher zu wissen, worüber die Gruppe sich unterhält. Beispiele dafür sind: „Ihre Uhr gefällt mir. Wo haben Sie die denn gekauft?" Oder „Können Sie dieses Essen empfehlen?". Selbst die Frage nach einem freien Platz am Tisch kann ein guter Einstieg sein.

Allgemein gilt, keine unpassenden Fragen zu stellen. Das

kann schnell unangenehm werden. Wenn Sie nicht sicher über das Gesprächsthema sind, wählen Sie deshalb lieber eine allgemeinere Frage. Ein großer Fauxpas ist Unwissenheit. Steigen Sie mit einer speziellen Frage zu einem bestimmten Thema ein, sollten Sie sich auch einigermaßen mit dem Thema auskennen. Denn sonst entstehen schnell unangenehme Schweigemomente.

## SMALLTALK IN DER GRUPPE

Der grundsätzliche Unterschied zwischen dem Smalltalk in einer Gruppe und mit einer Einzelperson ist die Anzahl der beteiligten Personen am Gespräch. Am wichtigsten ist es bei einem Gespräch mit mehreren Personen, niemanden auszuschließen. Bei jeder Gesprächsrunde wählen wir uns automatisch eine Person aus, der wir mehr Aufmerksamkeit schenken. Dies kann verschiedene Gründe haben. Meist halten wir die Person für sympathischer als die anderen Personen oder die Person beeindruckt uns durch ihr Fachwissen. So kann es leicht passieren, dass wir uns auf eine Person fixieren und die anderen Personen dabei ausschließen. Diese Situation sollten Sie nicht aufkommen lassen. Das wirksamste Mittel dagegen ist, jeden Gesprächspartner in bestimmten Abständen anzuschauen. Selbst wenn eine Person eine Frage an Sie richtet, sollten Sie beim Beantworten der Fragen auch die anderen Personen anschauen und Ihre Aufmerksamkeit auf alle Personen in der Gruppe gleichmäßig verteilen.

# KAPITEL 16

# EIN GESPRÄCH AM LEBEN HALTEN

Ein Smalltalk ist schnell gestartet, doch meist entsteht nach wenigen Minuten ein unangenehmes Schweigen. Wir wissen nicht mehr, was wir sagen sollen und unserem Gegenüber geht es genauso. Dieses unangenehme Schweigen gilt es zu vermeiden. Es gibt praktische kleine Fragen, die sich in jedem Smalltalk nach den ersten Sätzen platzieren lassen und dafür sorgen, dass kein unangenehmes Schweigen entsteht.

## ERZÄHLEN SIE MEHR ÜBER…

Dieser Satz eignet sich bei jedem Smalltalk perfekt, um den Smalltalk am Leben zu halten. Damit äußern Sie Interesse an Ihrem Gegenüber und geben ihm die Gelegenheit, etwas über sich selbst zu erzählen. Sie greifen dabei etwas auf, das Sie über Ihren Gesprächspartner bereits wissen. Ein Beispiel dafür wäre das Wissen darüber, dass Ihr Gesprächspartner Tennis spielt. Also sagen Sie „Erzählen Sie mehr über Ihr Hobby Tennis. Spielen Sie im Verein? Nehmen Sie regelmäßig an Tennisturnieren teil?“ So geben Sie dem Smalltalk eine neue Richtung und beleben das Gespräch wieder. Am besten befragen Sie Ihr Gegenüber zu einem Thema von dem Sie wissen, dass es ihm oder ihr Freude macht und er oder sie gerne darüber redet.

Ein großer Fauxpas wäre, wenn Sie sagen würden „Erzählen Sie mehr über Ihre kranke Frau“ oder „Erzählen Sie mehr über Ihre derzeitigen finanziellen Probleme". Darüber reden die meisten Menschen nicht gerne und zusätzlich sind es sehr private Themen, die wir eigentlich nicht in einem Smalltalk bereden möchten. Gute Themen sind Hobbys oder die berufliche Entwicklung, wenn der Gesprächspartner beruflich erfolgreich ist.

Sollten Sie Ihren Gesprächspartner nicht so gut kennen, können Sie den Satz „Erzählen Sie mehr über...." trotzdem anwenden. Befragen Sie Ihren Gesprächspartner zu einem Thema mit dem er oder sie sich auskennt oder zu einer Überlegung oder einem Gedanken, den er oder sie im Gespräch geäußert hat.

## WAS IST DAS BESTE AN...?

Diese Frage kann zu jederzeit im Smalltalk gestellt werden. Sie gibt dem Gegenüber die Gelegenheit, darüber zu berichten, was er oder sie gerne macht und in was er oder sie gut ist. Die vollständige Frage könnte lauten „Was ist das Beste an deinem Beruf?" oder „Was ist das Beste an deiner Tätigkeit?"

Wir reden grundsätzlich gerne darüber, worin wir gut sind und was wir gerne mögen. Mit dieser Frage geben Sie Ihrem Gegenüber die Möglichkeit, über die eigenen Vorlieben zu sprechen und das Gespräch auch selber steuern zu können.

## WIE KAMEN SIE ZU...?

„Wie kamen Sie zu dieser Firma?" oder „Wie kamen Sie zu diesem Themengebiet?" Wir lieben es Geschichten zu erzählen. Mit dieser Frage geben Sie Ihrem Gesprächspartner eine große Bandbreite an Antwortmöglichkeiten. Selbst wenn Sie auf diese Frage nur eine Antwort erhalten, wie „es war reiner Zufall" oder etwas Ähnliches, lassen sich doch viele weitere Fragen stellen. Mit dieser Frage erschaffen Sie also viel neuen Gesprächsstoff und vermeiden peinliches Schweigen im Smalltalk.

## WAS WAR IHRE GRÖSSTE HERAUSFORDERUNG?

Erfolge sind immer etwas, auf das wir stolz sind, vor allem dann, wenn wir hart für den Erfolg kämpfen mussten. Wenn Sie nun mit der Frage „Was war Ihre größte Herausforderung?" gezielt nach diesem Erfolg fragen, den sich Ihr Gesprächspartner hart erkämpfen musste, bieten Sie Ihrem Gesprächspartner ein Thema an, über das er oder sie gerne spricht und viel erzählen kann. Herausforderungen gibt es überall und so ist dies eine Frage, auf die garantiert jeder Gesprächspartner eine gute Antwort hat.

Zusätzlich erfahren Sie mit dieser Frage mehr über Ihren Gesprächspartner und dessen Art und Weise zu denken und zu handeln.

## WAS IST IHR LIEBLINGSKÄSE?

Diese Frage mag zu Beginn sehr verrückt klingen, trotzdem ist sie eine tolle Möglichkeit, um Gesprächslücken zu überbrücken. Sie müssen beim Smalltalk nicht immer nur über ernste Themen sprechen. Mit einer solchen Frage lockern Sie das Gespräch auf und sorgen vielleicht für einen kleinen Moment der Lustigkeit. Zusätzlich erhalten Sie automatisch neuen Gesprächsstoff. Ihr Gegenüber wird Sie fragen, wie Sie auf die Frage kommen, was er für einen Käse mag, oder dass er vielleicht seinen Käse jede Woche auf dem Wochenmarkt kauft. Sie können natürlich anstatt nach Käse auch nach Wurst, Obst oder etwas Anderem fragen. Da haben Sie freie Auswahl. Selbst wenn Sie nach dem Lieblingskäse fragen und Ihr Gegenüber keinen Käse mag, haben Sie ein neues Gesprächsthema gefunden.

## WENN SIE KEINE WORTE MEHR FINDEN

Es gibt Situationen, in denen uns die Worte fehlen. Es ist bereits alles gesagt, alle Möglichkeiten sind ausgeschöpft und nun wissen wir nicht mehr, was wir noch sagen sollen. In diesem Fall gibt es zwei Möglichkeiten: Erstens Sie beenden das Gespräch und verabschieden sich oder zweitens sie ändern das Thema. Beginnen Sie mit einem Thema mit dem Sie sich auskennen und über das Sie was erzählen können. Wenn Sie merken, dass sich Ihr Gesprächspartner überhaupt nicht dafür interessiert, sollten Sie es noch einmal mit einem anderen Thema versuchen. Denn sonst entsteht schnell Langeweile. Binden Sie Ihren Gesprächspartner mit Fragen zum Thema ins Gespräch ein und führen Sie keine Monologe. Oder ermuntern Sie mit geschickten Fragen Ihr Gegenüber über

Themen zu erzählen, die ihn oder sie interessieren.

Die Wortfloskel „Apropos…“ eignet sich bestens, um spontan auf ein anderes Thema zu wechseln. So unterbrechen Sie den Inhalt des Gesprächs nicht abrupt, sondern lenken das Gespräch elegant auf ein Thema über das Sie viel wissen und viel zum Gespräch beitragen können.

Wenn Sie dennoch Angst haben vor Situationen, in denen Sie nicht wissen, was Sie sagen sollen oder in denen Ihnen nichts Interessantes einfällt, dann überlegen Sie sich doch davor ein paar Notfallthemen. Diese Themen hängen natürlich von Ihrem Gesprächspartner ab, ob ihr Gespräch eher auf beruflicher oder privater Basis geführt wird. Bei einem Smalltalk auf beruflicher Basis sind gute Standard-Themen die Firma, in der Sie selbst oder Ihr Gesprächspartner arbeiten, Ihr Tätigkeitsfeld oder das Ihres Gesprächspartners und eventuell neue Entwicklungen in der Firma oder im Tätigkeitsfeld. Im privaten Bereich sind gute Themen Hobbys und Vereine und gemeinsame Interessen. Diese Themen können Sie sich gut im Voraus überlegen und haben Sie so immer parat, wenn sich eine unangenehme Pause im Gespräch ergibt.

# KAPITEL 17

## EIN TOTES GESRPÄCH WIDERBELEBEN

Beim Smalltalk gibt es Situationen, in denen das Gespräch plötzlich in einer Sackgasse endet und ein peinliches Schweigen entsteht. Dieses peinliche Schweigen kann überall entstehen, am Mittagstisch bei der Arbeit, bei einem wichtigen Meeting oder auch auf der Weihnachtsfeier. Wir kennen viele solcher Situationen aus eigener Erfahrung. Diese Art von Gesprächspausen entstehen immer wieder und sind ganz normal. Da die Gesprächspausen dennoch unangenehm sind, ist es wichtig zu wissen, wie Sie die peinliche Stille überbrücken können. Zuerst einmal sollten Sie sich in so einer Situation nicht verrückt machen. Wenn Sie sich selber Druck machen mit Gedanken wie „Was sag ich nur?“ oder „Das Schweigen ist richtig peinlich“, dann blockiert Sie das zusätzlich und Ihnen fällt erst recht nichts Sinnvolles ein, um das Gespräch fortzuführen. Also atmen Sie tief durch und wenden Sie einen der Tricks an, die nun aufgezählt werden, um das tote Gespräch wieder lebendig zu machen:

### THEMA AUS DEM GESPRÄCH AUFGREIFEN

In Gesprächen werden viele Themen nur oberflächlich angeschnitten oder nur am Rande erwähnt. Bei einer Gesprächspause lohnt es sich, ein Thema aus dem Gespräch noch einmal aufzugreifen und gezielt danach zu fragen: „Sie haben vorhin erwähnt, dass es noch andere Alternativen gebe. An welche Alternativen denken Sie denn?". Suchen Sie sich ein Thema aus, mit dem Sie sich auch auskennen und zu dem Sie selbst ebenfalls etwas beisteuern können. Wenn der Gesprächspartner das Thema selbst bereits erwähnt hat, ist die Wahrscheinlichkeit hoch, dass er sich damit auskennt und auch gerne darüber spricht. So kommt das Gespräch ganz einfach wieder in Gang und Sie zeigen Ihrem Gesprächspartner, dass Sie ganz genau zugehört haben, was er gesagt hat.

## THEMA WECHSELN

Nicht immer gibt es diesen Anknüpfungspunkt beim Smalltalk oder Sie erinnern sich im Moment einfach nicht an ein passendes Thema vom vorherigen Gespräch. Dann ist das nicht weiter schlimm. Beginnen Sie doch einfach mit einem neuen Thema. Sie brauchen keinen langen Vorlauf, um das Thema zu wechseln, zwei drei Worte genügen: „Aber nun zu was Anderem", „da fällt mir gerade ein" oder „übrigens wussten Sie" reichen als Überleitung völlig. So starten Sie ganz einfach ein neues Thema und Ihr Gegenüber ist wahrscheinlich froh, dass Sie die Initiative ergriffen haben. Aber auch hierbei gilt, wählen Sie ein Thema bei dem Sie mehr dazu sagen können, wie nur ein oder zwei Sätze, sonst kommt das Gespräch nach kurzer Zeit wieder ins Stocken.

## VON EINEM ALTEN ZU EINEM NEUEN ASPEKT

Ebenfalls nützlich ist es, einen alten Aspekt aus dem Gespräch aufzugreifen und mit einem neuen Gespräch zu verknüpfen. Sie haben sich beispielsweise über die Internetgeschwindigkeit in Deutschland unterhalten. Dann fragen Sie Ihren Gesprächspartner doch einfach, ob er weiß, wie die Internetgeschwindigkeit in anderen EU-Ländern ist. So können Sie Ihren Gesprächspartner aktiv beim neuen Gesprächsthema einbinden und geben Ihm oder Ihr die Möglichkeit, mit Wissen zu glänzen.

# KAPITEL 18

# GESPRÄCH BEENDEN

Nicht jeder Smalltalk ist ein erfolgreiches Gespräch. Wir stellen fest, dass unser Gesprächspartner langweilig ist, an Themen interessiert ist, über die wir nicht reden wollen oder Dinge angesprochen werden, die uns unangenehm sind. Manchmal haben wir auch einfach nicht genügend Zeit und müssen dringend weg, oder mit jemand anderem reden. Wir möchten das Gespräch aber auf jeden Fall so beenden, dass sich der Gesprächspartner nicht beleidigt fühlt und wir möchten auf keinen Fall unhöflich wirken. Hier sind ein paar nützliche Tipps, wie Sie schnell und höflich ein Gespräch beenden können, ohne den Gesprächspartner zu kränken:

## DIE KLASSISCHE ENTSCHULDIGUNG

Wenn Sie einen Smalltalk unterbrechen wollen, weil Sie sich noch mit einer anderen Person unterhalten müssen, dann seien Sie ehrlich und sagen das auch so. Sagen Sie etwas in der Art wie „es war nett, sich mit Ihnen zu unterhalten, aber ich muss unbedingt noch mit ... etwas besprechen“. Erfinden Sie keine falschen Begründungen. Es ist immer am glaubwürdigsten, wenn Sie den Namen der Person nennen können, mit der Sie noch reden müssen. Allerdings sollten sie darauf achten, dass Sie sich nicht bereits nach zehn Sekunden entschuldigen. Sie sollten auf jeden Fall mindestens eine Gesprächsdauer von drei bis fünf Minuten einhalten. Denn sonst wirkt es unhöflich.

## DAS HÖFLICHE VERSPRECHEN

Eine weitere Variante ist das höfliche Versprechen. Dies ist vor allem dann nützlich, wenn Sie das Gespräch unterbrechen müssen, Sie sich aber gerne weiter mit der Person unterhalten hätten. Sagen Sie etwas in der Art wie „Ich würde gerne mit Ihnen in Kontakt bleiben". Dann geben Sie entweder der Person Ihre Kontaktdaten oder lassen sich die Kontaktdaten der Person geben. Wenn Sie die Kontaktdaten der anderen Person erhalten, ist es Ihre Aufgabe, sich später zu melden. Tun Sie dies nicht, kann das als Unhöflichkeit interpretiert werden. Wenn Sie sich nicht sicher sind, ob Sie sich noch einmal mit der Person in Kontakt treten wollen, umgehen Sie das Versprechen, indem Sie dem Gesprächspartner Ihre Kontaktdaten geben. So sind Sie nicht im Zugzwang. Sollte sich der Gesprächspartner melden und Sie wollen absolut nicht mit Ihm reden, dann sind Sie eben gerade sehr beschäftigt. Sie haben aber dann kein Versprechen gebrochen.

## PERSONEN ZUSAMMENFÜHREN

Eine weitere Variante, um einen Smalltalk höflich zu beenden ist es, einen neuen Gesprächspartner vorzustellen. Stellen Sie Ihrem jetzigen Gesprächspartner einfach eine neue Person vor und verabschieden sich dann aus dem Gespräch. Allerdings sollten Sie dabei darauf achten, dass Sie dafür die richtige Person auswählen. Denn die Person sollte zu Ihrem jetzigen Gesprächspartner passen und die beiden sollten zum Beispiel ein gemeinsames Hobby besitzen oder ähnliche Interessen. Wenn Sie nur irgendjemanden vorstellen, der absolut gar nicht zu Ihrem Gesprächspartner passt, werden Sie schnell von Ihrem Gesprächspartner durchschaut und dieser weiß, dass Sie Ihn nur loswerden wollten. Auch die andere Person wird nicht besonders glücklich darüber sein.

## THEMA NACH GRUPPE WÄHLEN

Wenn Sie wissen, dass sich die Gruppe neben Ihnen für ein bestimmtes Thema interessiert, dann wechseln Sie doch Ihr eigenes Gesprächsthema bewusst in diese Richtung und binden die Nachbargruppe in das Gespräch mit ein. Wenn dies klappt, dann können Sie sich ganz unauffällig aus dem Gespräch verabschieden, ohne dass es unhöflich wäre.

## DER ÜBERRASCHUNGSGAST

Diese Notlösung erlaubt es Ihnen, einen Smalltalk schnell und gezielt zu beenden. Es ist zwar nicht die höflichste Variante, aber trotzdem wird Ihr Gesprächspartner nicht verärgert über Ihren Abgang sein. Sagen Sie überrascht etwas in der Art „Gerade ist… gekommen, mit dem/der ich gar nicht gerechnet hätte. Ich muss mit ihm/ihr unbedingt noch was besprechen" und verabschieden sich von Ihrem Gesprächspartner. Eine weitere Variante wäre zu sagen, „es sieht so aus, als bräuchte … Hilfe mit…" zum Beispiel der Essensausgabe oder Hilfe bei einem technischen Gerät, dann eilen Sie zu dieser Person, die vermeintlich Ihre Hilfe benötigt. Damit entkommen Sie jedem unangenehmen Smalltalk.

## DEN GESPRÄCHSPARTNER IRRITIEREN

Beginnt Ihr Gesprächspartner beim Smalltalk ständig mit Themen über die Sie nicht reden wollen, da sie zu persönlich sind, oder Sie seine Gesprächsthemen generell unmöglich finden und am liebsten das Gespräch abbrechen würden, dann drehen Sie den Spieß doch einfach um. Beginnen Sie selbst mit Themen, von denen Sie wissen, dass Ihr Gesprächspartner gelangweilt ist oder über die er nicht reden will. So wird Ihr Gesprächspartner schnell die Lust an der Unterhaltung verlieren und bricht das Gespräch ab. Die etwas unhöflichere Variante wäre es, den Gesprächspartner ständig zu unterbrechen oder absichtlich falsch zu verstehen. Dies ist aber nur für sehr hartnäckige Gesprächspartner empfehlenswert.

# KAPITEL 19

## DIE EIGENE PERSÖNLICHKEIT GLÄNZEN LASSEN

„Und was machen Sie so?“ – Das ist eine beliebte Frage bei jedem Smalltalk. Deshalb sollten Sie ganz genau überlegen, was Sie darauf antworten wollen. Denn dies ist eine gute Möglichkeit die eigene Persönlichkeit in ein gutes Licht zu rücken. Gleichzeitig sollten Sie aber nicht zu prahlerisch wirken oder sich in Monologen ergießen.

Überlegen Sie sich bereits im Vorfeld, was Sie antworten möchten. Beschreiben Sie Ihre Tätigkeit in zwei bis maximal drei Sätzen und benutzen Sie eine Wortwahl, die auch Ihr Gesprächspartner versteht, der nichts mit diesem Themengebiet zu tun hat. Kennt sich Ihr Gesprächspartner allerdings mit dem Themengebiet aus, auf dem Sie arbeiten, können Sie auf seine Anfrage auch weiter ins Detail gehen.

Sind Sie zum Beispiel in der Pharmaziebranche tätig, für die Qualitätsprüfung eines bestimmten Wirkstoffes zuständig und leiten als Doktor der Chemie eine gesamte Abteilung, sollten Sie auf die Frage „Und was machen Sie so?“ nicht antworten „Ich habe an der Universität meinen Doktortitel gemacht und leite nun sehr erfolgreich eine eigene Abteilung in einem Pharmazieunternehmen, das sich mit der Qualitätssicherung der Wirkstoffe XX und YY auseinandersetzt“. So erschlagen Sie Ihr Gegenüber nicht nur mit Informationen, sondern wirken gleichzeitig auch überheblich und eingebildet. Eine vereinfachte Variante könnten in diesem Fall lauten: „Ich bin in einem

Pharmazieunternehmen für die Qualitätssicherung zuständig". Dieser Satz hört sich nicht zu angeberisch an, erweckt aber dennoch Interesse bei Ihrem Gesprächspartner.

Sind Sie gerade arbeitslos oder möchten aus welchen Gründen auch immer nicht über Ihre berufliche Tätigkeit sprechen? Dann müssen Sie das Ihrem Gesprächspartner auch nicht sagen. Die Frage ist so allgemein formuliert, dass Sie auch eine ganz andere Antwort geben können. Erzählen Sie zum Beispiel von Ihrem neuesten Hobby und lenken Sie so das Gesprächsthema so geschickt in eine andere Richtung.

# KAPITEL 20

## SMALLTALK UNTERBRECHEN

Wir machen Smalltalk mit einer Person und merken, dass diese Person absolut keine Lust auf Smalltalk hat. Unter Umständen geht es uns selbst sogar ähnlich. Wie kommen wir dann am besten aus dieser unangenehmen Situation? Am einfachsten wenn wir ehrlich sind! Sagen Sie Ihrem Gesprächspartner doch, dass Sie Smalltalk nicht besonders mögen. Sie könnten etwas sagen wie „Ich mag Smalltalk nicht besonders. Können wir das überspringen?" oder „Wie wäre es, wenn wir statt Smalltalk über etwas Vernünftiges reden?"

Sie haben in dem Moment genau das ausgesprochen, was Ihr Gesprächspartner auch gedacht hat. Er ist froh, dass Sie es angesprochen haben und so können Sie gemeinsam ein neues Gesprächsthema finden, das Sie beide mehr interessiert. Ihre Offenheit wird Sie sympathisch machen. Dies funktioniert natürlich nur im privaten Bereich.

Im geschäftlichen Bereich ist es besser, den Smalltalk auf geschäftliche Themen zu lenken. Nehmen Sie einen Themenwechsel vor und beginnen Sie über die geschäftlichen Belange zu reden. Unterbrechen Sie den Smalltalk mit „das ist wirklich interessant, aber jetzt sollten wir mit dem Geschäftlichen beginnen" und fangen Sie mit dem neuen Thema an.

# KAPITEL 21

## VOM SMALLTALK ZUM BIGTALK

Die Gesprächsform Smalltalk ist dafür gedacht, mit Personen, die wir nicht kennen, ins Gespräch zu kommen. Aber schnell erreichen wir einen Punkt, an dem wir gerne vom Smalltalk zum Big Talk, also zum normalen Gespräch, wechseln wollen. Denn Smalltalk Themen eignen sich nicht für stundenlange Gespräche, sondern eher für kürzere Gespräche von mehreren Minuten gedacht. Es liegt an Ihnen, wie schnell Sie im Gespräch vom Smalltalk zum Bigtalk wechseln. Steuern Sie mit den nachfolgenden Ratschlägen gekonnt Ihren Smalltalk.

### WISSEN ÜBER DEN GESPRÄCHSPARTNER

Ob wir mit jemandem ernstere Gespräche führen, oder nur Smalltalk betreiben, hängt davon ab, wie viel Wissen unser Gesprächspartner über uns hat. Für ernstere Gespräche benötigen wir Intimität und ein familiäres Gefühl. Diese beiden Dinge entstehen nur, wenn wir Wissen über unseren Gesprächspartner besitzen und dieser ebenfalls Dinge über uns weiß. Dieses Wissen bezieht sich auf private Dinge, die nicht jede Person von uns weiß. Doch dieses Wissen muss erst generiert werden und dafür ist es wichtig, die richtigen Fragen im Gespräch zu stellen.

## RICHTIGE FRAGESTELLUNG

Typische Smalltalk Fragen sind „wie geht es dir?" oder „was machst du gerade?". Darauf erhalten Sie in der Regel auch typische Smalltalk Antworten, wie „mir geht es gut" oder „ich arbeite gerade bei XY". Aber durch diese Antworten erhalten Sie nicht viele neue Informationen über Ihren Gesprächspartner. Deshalb ist es wichtig, dass wir die Fragen so formulieren, dass unser Gesprächspartner keine Standardantwort geben kann und die Frage nicht nur bejahen oder verneinen kann.

Dies kann schon die einfache Frage sein „was hast du heute gemacht?" oder „was war dein Lieblingsspielzeug als Kind?" oder „was sind deine Pläne für nächstes Wochenende?". Diese Fragen sind sehr viel persönlicher und der Gesprächspartner gibt Etwas über sein persönliches Leben preis.

Mit diesen Fragen lassen Sie den Spiegel-Effekt des Smalltalks hinter sich. Unter dem Spiegel-Effekt verstehen wir den Umstand, dass sich die Aussage des einen Gesprächspartners fast vollständig mit der Aussage des anderen Gesprächspartners deckt. Sie sagen zum Beispiel „heute ist ein schöner Tag" und Ihr Gesprächspartner antwortet „ja, heute ist ein schöner Tag". Wenn Sie Ihren Gesprächspartner fragen „was hast du am Wochenende gemacht?" dann ist diese Art von Spiegel-Antwort nicht möglich.

## EIGENE MEINUNG

Persönlich wird es ebenfalls, wenn wir unserem Gesprächspartner unsere Meinung mitteilen. Am besten verpacken wir unsere eigene Meinung jedoch in eine Frage, dann haben wir nicht nur unsere eigene Meinung mitgeteilt, sondern erfahren auch, wie unser Gesprächspartner zu einer gewissen Sache steht. Der Satz könnte dann so lauten „ich denke über ..., dass dies eine gute Sache ist. Wies siehst du das Ganze?" Mit solchen Aussagen und Fragen lernen wir eine Menge über die Lebenseinstellung und die persönliche Meinung unseres Gegenübers.

## MEINUNG ZUSAMMENFASSEN

Sie können auch anhand der Aussage Ihres Gesprächspartners seine Sichtweise zusammenfassen und fragen, ob Sie dies so richtig verstanden haben „es hört sich so an, als ob du denkst, das wäre keine gute Sache. Ist das richtig?" So beugen Sie Missverständnisse vor und geben Ihrem Gesprächspartner noch einmal die Möglichkeit seine eigene Meinung zu erklären.

## NACHFRAGEN BEI UNKLARHEITEN

Manche Aussagen unseres Gegenübers verstehen wir gar nicht oder können wir nicht nachvollziehen. Fragen Sie an solchen Punkten ruhig nach und lassen Sie sich seine Meinung noch einmal erklären. Oft gibt es einen guten Grund, warum Menschen eine bestimmte Meinung über eine Sache haben, auch wenn uns das im ersten Moment komisch erscheint.

# KAPITEL 22

## WARUM IST STORYTELLING WICHTIG?

Wir Menschen lieben Geschichten und das hat seinen Grund. Fakten und Schaubilder bleiben nicht so gut im Gedächtnis, wie eine gute Geschichte. Denn unser Gehirn verbindet Emotionen und Gefühle mit einer guten Story. Deshalb bringt uns eine gute Geschichte oftmals schneller zu unseren Zielen, als Fakten und Tatsachen. Zusätzlich ist eine gut erzählte Geschichte noch unterhaltsam und kann unseren Gesprächspartner zum Lachen bringen. Geschichten helfen, das Eis zwischen zwei unbekannten Menschen schneller zu brechen und es entstehen ganz einfach neue Gesprächsthemen. Es lohnt sich also, gute Geschichten zu erzählen.

Eine gut erzählte Geschichte lockert jedes Smalltalk Gespräch auf und schafft Abwechslung im Gespräch. Doch wir sollten uns im Voraus immer gut überlegen, welche Geschichte wir unserem Gesprächspartner erzählen wollen und was das Ziel unserer Geschichte ist.

### EIN GUTER ANFANG FÜR EINE GESCHICHTE

Bevor wir anfangen eine Geschichte zu erzählen, sollten wir uns zuerst fragen, was wir mit der Geschichte bezwecken wollen und wer unser Zuhörer ist. Erst wenn wir wissen, was wir für eine Botschaft mit unserer Geschichte übermitteln wollen, können wir die Geschichte überhaupt erst erschaffen. Damit eine Geschichte auch gut ankommt, sollte die Zielgruppe oder die Zielperson eine ähnliche Meinung über die Botschaft haben, die wir mit unserer Geschichte übermitteln wollen. Bei verschiedenen Meinungen wird es schwierig, eine sinnvolle Botschaft in die Geschichte zu packen, die jede Person der Gruppe in gleicher Weise anspricht.

## EIGENE ERFAHRUNGEN

Die besten Geschichten sind die Geschichten, die auf eigenen Erfahrungen und Erlebnissen beruhen. Diese Geschichten wirken besonders authentisch und ehrlich. Also sollten Sie sich überlegen, welche Geschichte aus Ihrem Leben sich am meisten eignet. Am besten eigenen sich Geschichten, mit denen persönliche Emotionen verknüpft sind. Natürlich ist es erlaubt, die Geschichte auch etwas abzuwandeln. Die Geschichte muss nicht bis ins kleinste Detail wahrheitsgetreu sein. Es reicht in der Regel, wenn der Kern der Geschichte wahr ist und Sie sich mit der Geschichte identifizieren können. Hatte Ihr Gesprächspartner zum Beispiel einen schlechten Tag, weil der Zug Verspätung hatte, dann können Sie Ihm ebenfalls eine Geschichte erzählen, wie Sie einmal Probleme mit einem verspäteten Zug hatte. Die Botschaft hierbei ist, dass Sie absolut verstehen können, wie sich Ihr Gesprächspartner fühlt und Sie wissen, wie nervig das ist.

## KEIN HELD DER EIGENEN GESCHICHTE

Selbst wenn es stimmen sollte, machen Sie sich selbst nicht zum Helden Ihrer Geschichte. Das wirkt auf den Zuhörer unglaubwürdig und im schlimmsten Falle überheblich und eingebildet. Damit rückt die eigentliche Botschaft Ihrer Geschichte in den Hintergrund. Im Beispiel mit dem Zug wäre es völlig unangebracht zu erzählen, dass Ihr Zug Verspätung hatte, Sie es aber doch noch rechtzeitig geschafft haben, weil Sie so geschickt waren und ein Taxi genommen haben. Das würde Ihrem Gegenüber vermitteln, er hätte zu wenig Einsatz gezeigt und es wäre seine eigene Schuld und nicht die Schuld des Zuges, dass er zu spät war.

## EINFACHHEIT

Die Geschichte sollte kurz und knackig sein. Deshalb sollten Sie für Ihre Geschichte nicht zu viele Personen und Orte verwenden. Das ist für die Botschaft der Geschichte völlig irrelevant und verwirrt Ihren Gesprächspartner nur. Auch zu viele Zahlen verkomplizieren die Geschichte unnötig. Anstatt zu erzählen „normalerweise hätte mein Zug um 9.45 Uhr abfahren sollen, dann wurde die Zeit auf 9.55 Uhr berichtigt und fünf Minuten später kam eine Durchsage, dass der Zug um 10.15 Uhr abfährt" können Sie einfach sagen „mein Zug hatte über 30 Minuten Verspätung". Bei der ersten Variante weiß der Gesprächspartner nämlich nach der dritten Zahl nicht mehr, wann der Zug eigentlich ursprünglich abfährt und für die Botschaft der Geschichte, dass Sie sich selbst auch schon über die Verspätung des Zuges geärgert haben, ist diese Information völlig irrelevant.

## ÜBUNG MACHT DEN MEISTER

Wie bei allen Bereichen gilt: Übung macht den Meister. Ihre erste Geschichte wird nicht gleich perfekt sein und nur durch Üben können Sie Ihre Geschichten perfektionieren. Am einfachsten Üben Sie das Geschichte erzählen mit Familienmitgliedern oder Freunden. Diese können Ihnen noch wertvolle Tipps geben, was Sie an Ihren Geschichten verbessern können.

# KAPITEL 23

## WIE SPRICHT MAN MIT EINER BERÜHMTHEIT?

Wir treffen nicht oft in unserem Leben auf eine Berühmtheit. Wenn dieser Fall aber dann doch eintritt, sind wir total nervös und wissen nicht was wir sagen sollen. In diesem Fall gilt es, erst einmal tief durchzuatmen und zu entspannen. Denn Promis sind auch nur normale Menschen und erleben solche Situationen oft.

### SMALLTALK HILFT

Wenn Sie nicht wissen, was Sie sagen sollen, hilft ganz normaler Smalltalk. Versuchen Sie einen klaren Kopf zu bekommen und starten Sie einfach eine ganz belanglose Konversation. Natürlich dürfen Sie dem Promi mitteilen, dass Sie Ihn kennen und nach einem Autogramm fragen. Die meisten Promis geben gerne Autogramme und freuen sich, wenn sie erkannt werden. Viele Promis mögen es auch, wenn wir Ihnen sagen, dass Sie im neuen Film toll sind oder Ihr neues Buch klasse ist. Denn Berühmtheiten sind ebenfalls nur Menschen und mögen genauso Komplimente.

### REDEN WIE MIT EINEM FREUND

Fangen Sie trotzdem an zu stottern und bekommen kein Wort heraus, dann stellen Sie sich doch einfach vor, der

Promi wäre eine andere Person, zum Beispiel ein alter Bekannter. Dann funktioniert die Konversation schon einfacher. Viele jüngere Promis haben auch kein Problem damit, wenn sie geduzt werden. Das schafft eine entspanntere Situation.

## NICHT ZU AUFDRINGLICH

Die meisten Promis treffen ständig auf Fans. Manche Fans sind sehr aufdringlich und belagern Promis regelrecht. Das würden wir selbst auch nicht wollen. Deshalb sprechen Sie den Promi höflich an, zum Bespiel „Sie sind doch ...?“ und warten ab, wie der Promi reagiert. Wenn die Berühmtheit genervt reagiert, hatte sie wohl einen schlechten Tag und wir lassen den Promi in Ruhe. Wenn der Promi sich aber in ein Gespräch verwickeln lässt, versuchen wir ein Gespräch auf Augenhöhe zu führen. Denn auch Berühmtheiten möchten nicht ständig von Menschen umgeben sein, die sie anhimmeln und bedrängen. Wir sorgen dafür, dass wir so oft wie möglich den Blickkontakt herstellen und die gleiche Tonlage der Stimme wählen, als würden wir uns zum Beispiel mit unserem Nachbar unterhalten. Damit wird sich der Promi in unserer Gesellschaft sehr viel wohler fühlen und sich auch gerne mit uns unterhalten.

## WORTWAHL

Wir sollten im Gespräch mit einer Berühmtheit auch auf unsere Wortwahl achten. Nur weil der Promi zum Beispiel im neuen Film eine Person spielt, die viel flucht und sich vulgär ausdrückt, heißt das nicht automatisch, dass der

Promi so auch in seiner Freizeit spricht. Um niemanden ungewollt zu beleidigen, ist es deshalb sinnvoll, dass wir eine zurückhaltende Wortwahl treffen. Wir fluchen möglichst wenig und verwenden keine Kraftausdrücke. Verwendet der Promi selbst viele Kraftausdrücke, können wir unsere Wortwahl im Laufe des Gesprächs anpassen.

# KAPITEL 24

## WIE WIRD MAN EIN SYMPATHIETRÄGER?

Manche Menschen sind uns sofort sympathisch und werden von allen gemocht. Doch wie machen diese Menschen das? Es gibt bestimmte Regeln, die eingehalten werden müssen, damit wir zu einem Sympathieträger werden.

### RESPEKTVOLLER UMGANG

Sympathieträger behandeln jeden Menschen mit Respekt, unabhängig von seinem Einfluss und seiner sozialen Stellung. Und das kommt gut an. Denn sie geben jedem Menschen das Gefühl, wichtig und etwas wert zu sein.

### BEHANDLE JEDEN SO, WIE DU SELBST BEHANDELT WERDEN MÖCHTEST

Dies ist ein altes Sprichwort, aber es ist nach wie vor gültig. Denn wenn wir jeden Menschen fair und gut behandeln, erfahren wir dafür Wertschätzung. Dabei wird vorausgesetzt, dass jeder Mensch würdevoll und fair behandelt werden will.

## AUFRICHTIGES INTERESSE

Zeigen Sie Interesse an Ihren Mitmenschen, nicht nur mit Worten, sondern auch auf der emotionalen Ebene. Selbst in kurzen Gesprächen sollten Sie versuchen, auf die emotionale Ebene durchzudringen und eine emotionale Verbindung zum Gesprächspartner zu knüpfen. Zeigen Sie Interesse für die Themen, die Ihr Gegenüber wirklich beschäftigen.

## AUFMERKSAMKEIT

Seien Sie Ihrem Gesprächspartner gegenüber stets aufmerksam. Dazu gehört auch, dass Sie sich nicht durch Ihr Smartphone ablenken lassen. Greifen Sie Themen im Gespräch wieder auf, die Ihr Gesprächspartner angesprochen hat. Das zeigt Ihrem Gegenüber, dass Sie das Gespräch aufmerksam verfolgen.

## ZUHÖREN IST WICHTIG

Versuchen Sie nicht, das Gespräch zu dominieren. Hören Sie lieber zu und geben Sie Ihrem Gesprächspartner die Möglichkeit zu reden und seine Geschichten zu erzählen. Studien haben bewiesen, dass wir ein Gespräch umso positiver bewerten, je höher unser eigener Gesprächsanteil im Gespräch war.

## ANDERE MEINUNGEN AKZEPTIEREN

Es ist in Ordnung, verschiedene Meinungen über bestimmte Themen zu haben. Sie sollten deshalb die Meinung Ihres Gegenübers akzeptieren. Auch sollten Sie klarstellen, was Ihre eigene Meinung ist und, dass Sie es in Ordnung finden, wenn eine andere Person andere Ansichten als Sie hat.

## SEIEN SIE AUTHENTISCH

Wir lieben es, wenn jemand geradlinig ist und genau das sagt, was er oder sie denkt. Seien Sie deshalb authentisch, lügen Sie nicht und vertreten Sie ehrlich Ihre Ansichten. Gleichzeitig sollten Sie aber sensibel sein und andere Menschen mit Ihren Aussagen nicht verletzen.

## VIEL LÄCHELN

Das Gesicht gilt als Spiegel der Seele und deshalb finden wir lächelnde Menschen auch sympathischer. Oft kann ein Lächeln eine angespannte Situation auflockern und eine Verbindung zwischen zwei Menschen schaffen. Können Menschen zusätzlich noch über sich selbst lachen, betrachten wir sie als besonders sympathisch.

## EINE POSITIVE LEBENSEINSTELLUNG

Menschen, die immer negativ eingestellt sind, empfinden wir als anstrengend und wenig sympathisch, wohingegen positiv eingestellte Menschen eine willkommene

Gesellschaft sind. Sie haben einen positiven Einfluss auf ihre Umgebung, sodass wir uns gerne mit ihnen unterhalten.

# KAPITEL 25

## AUF IN DAS NÄCHSTE GESPRÄCH!

Sie haben nun alle Schritte auf dem Weg zu einem erfolgreichen Smalltalk kennengelernt, die bereits vielen Menschen dabei geholfen haben, sich in neuen Situationen zu etablieren und ihren Freundeskreis zu erweitern.

Ich habe Ihnen die Grundmethoden gezeigt, ein Gespräch aufzunehmen und einen guten Eindruck zu hinterlassen. Weiter haben Sie Techniken kennengelernt, wie auch Ihr Körper dem Gespräch durch seine Sprache zuträglich sein kann und wie Sie damit arbeiten können. Sie wissen nun auch, wie Sie unangenehme Gespräche subtil beenden, sich in ein Gruppengespräch einfinden und wie Sie den Fokus gezielt auf Ihren Gesprächspartner legen können, ohne dabei zu selbstlos zu wirken.

Smalltalk ist eine Kunst, aber auch ein Handwerk, das jedem Menschen mit den richtigen Werkzeugen leicht zugänglich ist. Also scheuen Sie sich nicht mehr, berufen Sie sich auf die Tipps und Methoden dieses Buches und gewinnen Sie das nächste Gespräch für sich!

Ich hoffe sehr, dass ich Ihr Leben mit den Tipps, die ich Ihnen in diesem Buch an die Hand gegeben habe, verbessern konnte und würde mich sehr über eine Rezension auf Amazon freuen, wenn Ihnen das Buch gefallen hat.

Ich wünsche Ihnen viel Erfolg bei Ihrem nächsten Smalltalk. Bleiben Sie souverän und interessiert und schon ist Ihnen der dauerhaft gute Eindruck sicher. Ich weiß, dass Sie es schaffen können, genauso wie viele Menschen vor Ihnen!

Ihr Damian Presto

# BONUS

## LADE DIR JETZT DAS BEGLEITBUCH KOSTENLOS HERUNTER!

Erhalte das Begleitbuch **„SMALLTALK – 50 EINFACHE EINSTIEGE INS GESPRÄCH“** kostenlos dazu. Folge einfach dem Link, um das E-Book GRATIS herunterzuladen:

http://www.55min.de/smalltalk-50-einfache-einstiege

1.Auflage 2015

Lars Tiefel
Libanonstr. 85
70186 Stuttgart

14560435R00073

Printed in Poland
by Amazon Fulfillment
Poland Sp. z o.o., Wrocław